KB274471

시민을 위한 증권투자 이야기

일러두기

독자의 이해를 돕고자 본문에 나오는 증권 관련 용어 가운데 보충 설명이 필요한 용어는 별표
(*)로 표시하고 '용어설명' 에 그 내용을 수록했다.

시민을 위한 증권투자 이야기

증권선물거래소 지음 | 이영탁 감수

한국경제신문

최근 우리 경제는 점차 빠른 회복세를 보이고 있다. 이를 반영해 경기의 거울에 비유되는 증권시장도 규모 확대와 함께 전례 없는 고주가 시대에 들어서고 있다. 증권시장은 국민경제의 소중한 자산이므로 시장의 외연이 확대되는 것은 경제를 책임지고 있는 사람으로서 매우 소망스러운 일이 아닐 수 없다.

현재 금융자산 운용의 세계적인 흐름은 저축(deposit)에서 포트폴리오 투자(portfolio investment)로 옮겨가고 있다. 우리나라도 연금·보험의 성장과 인구 노령화, 저금리 시대를 맞아 수익률 제고의 차원에서 자연스레 이러한 흐름을 탈 것으로 전망된다.

증시가 활황일 때에는 초보투자자들의 관심이 자연히 늘어나고 이에 편승해 투자 관련 서적도 봇물을 이루지만 대부분은 증권투자를 통해 고수익을 거둘 수 있다는 식이다. 객관적 입장에서 올바른 투자를 안내하는 입문서가 필요한 시점에 증권선물거래소에서 시의적절한 책이 출간되었다.

　증권선물거래소에서 펴낸 이 책은 주식, 채권, 선물 및 옵션, 간접투자 상품, 증권분쟁의 해결 등 각 부분별로 증권투자 입문자들이 가져야 할 올바른 투자자세와 관련 기초지식에 대해 매우 이해하기 쉽게 씌어졌다. 증권시장을 공정하게 관리해야 할 거래소의 실무 전문가들이 집필한 내용이기에 더욱 신뢰할 만하다.

　향후 자본시장 통합법이 제정되면, 증권·선물·자산운용·신탁업 등 금융투자업을 종합적으로 영위하는 금융기관이 출현하고 상품 간의 경계도 허물어져 치열한 경쟁이 예상된다. 따라서 투자자들도 많은 선택을 해야 할 입장에 놓이게 될 것이다.

　이러한 환경변화에 대비하는 측면에서도 초보 투자자들이 증권시장이라는 미지의 바다를 항해하는 데 등대 역할을 해주는 이 책을 꼭 읽어보라고 권하고 싶다. 책을 발간하는 데 노고가 많았던 이영탁 이사장과 거래소 실무진들에게 감사의 말을 전한다.

부총리 겸 재정경제부 장관

한 덕 수

2005년 우리 주식시장은 양호한 기업실적과 경기회복에 대한 기대감 등에 힘입어 주가지수가 사상 최고치를 기록하는 활황을 보이고 있다. 그럼에도 불구하고 우리나라 가계의 자산운용은 여전히 부동산 등 실물자산과 예금 · 보험 등 안전자산에 편중되어 있으며, 주식 등 유가증권의 비중은 상대적으로 낮은 편이다.

만성적인 단기 부동자금을 안정적인 장기투자자금으로 유인하고, 우리 경제의 지속적인 성장을 견인하기 위해 자본시장의 발전 필요성이 어느 때보다도 높아지고 있다. 자금의 수요자인 기업차원에서 보면 IT, BT 등 향후 우리나라 경제성장을 주도할 산업들은 위험이 높고 대규모 투자자금을 필요로 하기 때문에 자본시장을 중심으로 한 직접금융은 반드시 활성화되어야 한다. 또한 가계 등 자금의 공급자 차원에서도 저금리와 고령화 시대를 맞이하여 수익성 등 다양한 투자수요에 대응할 수 있는 자본시장의 증권상품이 필요하다.

이러한 시기에, 50년 한국증시의 역사와 함께 해온 공신력 있는 기관인 증권선물거래소가 일반인을 대상으로 올바른 투자관과 투자 상식을 이해하기 쉽게 알려주는 《시민을 위한 증권투자 이야기》를 출판한 것은 증권시장의 건전한 수요기반 확충을 위해 매우 환영할 만한 일이다. 이 책과 같은 초보 투자자들을 위한 투자 안내서가 건전한 증권투자문화 발전에 기여할 것으로 기대한다.

마지막으로 업무 외에 증권시장 발전을 위해 책자 원고 작성에 개인적 시간과 노력을 할애한 증권선물거래소 임직원들과 감수를 맡아주신 이영탁 이사장께도 그 노고를 치하드린다.

금융감독위원회 위원장 겸 금융감독원장

고주가 시대를 맞이하면서

2005년 하반기 들어 KRX 100 지수를 비롯한 코스피지수가 사상 최고치를 경신하는 등 우리는 일찍이 증시 역사에 없었던 고주가 시대를 경험하고 있다. 이러한 주가상승의 요인으로는 부동산과 은행저축의 매력 저하, 한국기업의 주가할인(Korea discount) 요인 해소, 간접투자의 증가에 따른 기관투자자의 매수기반 강화 등을 들 수 있다.

고주가 시대를 맞이하면서 지금이야말로 증권투자에 관심 있는 일반 시민들을 올바른 투자의 길로 인도할 수 있는 안내서가 절실히 필요한 시점이라 생각한다. 그러나 유감스럽게도 요즈음 증시활황에 힘입어 시중에 쏟아져 나오는 증권투자 관련 서적은 대부분 이른바 대박의 환상을 심어줌으로써 건전한 투자자들을 현혹시키거나 아니면 어려운 분석기법과 전문용어로 기술되어 있어 이해하기 쉽지 않다.

이 책은 증권선물거래소 직원들이 주식, 채권, 선물 및 옵션, 간접투자 등의 증권투자 상품 전 분야에 걸쳐 건전한 투자자들이 꼭 이해하고 체득해야 할 지식과 올바른 투자자세를 알기 쉽게 해설한 책자이다. 아울러 투자자보호를 위한 증권분쟁 해결방법도 소개하고 있으므로 공정한 증권시장 관리자 입장에서 제시하는 투자지침서 내지는 투자철학서이다.

앞으로도 우리 증시는 상장기업들의 수익기반 향상과 더불어 과거 주가상승에 걸림돌이 되어온 여러 저평가 요인의 해소를 밑바탕으로 성장세를 지속할 것으로 보인다.

미국을 비롯한 금융 선진국들의 가계자산 운용구조는 예금 등의 안전자산보다 어느 정도의 리스크를 수반하는 유가증권투자 비중이 높다. 대규모의 금융자산 축적이 이루어진 경제구조일수록 기관투자자의 자산선택 행동에 있어 위험자산 배분 비중이 높고 이에 걸맞은 금융혁신도 진전되기 때문이다. 그러나 이는 위험자산 투자에 대한 기초 소양과 올바른 투자관을 갖춘 건전한 투자자 층이 증시의 저변을 두텁게 형성하고 있었기 때문에 가능한 것이었다. 우리 증시도 이제 이러한 변화가 필요한 시점이다.

이 책을 통해 투자자들이 투자자산을 알토란같이 착실하게 키워가기를 소망하며, 더불어 건전한 투자풍토가 정착되기를 기대한다. '건전한 투자풍토의 정착' 이야말로 앞으로 전개될 고주가 시대를 맞이하여 우리 시장이 진정으로 갖추어야 할 모습이며 하루 빨리 완성해야 할 과제인 것이다.

증권선물거래소 이사장

이영탁

올바른 투자를 위한 길라잡이

우리 사회는 저금리와 고령화가 동시에 진행되고 있다. 최근 은행 정기예금금리가 인상되었지만, 기본적으로 저금리 시대가 지속될 것은 분명하다. 한때는 금리가 3%대에 불과하여, 세금과 물가상승률을 고려했을 때 실질금리가 마이너스인 적도 있었다. 다시 말해 은행예금으로 얼마의 이자가 발생하긴 해도 실제로는 저축하는 순간부터 구매력이 떨어져 원금의 가치를 까먹는 경우가 발생한 것이다. 지금까지 별 생각없이 은행저축을 통해 재산을 불려왔던 우리들에게 익숙하지 않은 생소한 상황이 도래한 것이다.

이제 우리 국민의 평균 수명은 의학의 발달에 힘입어 사고나 질병이 없다면 80세 이상으로 길어졌다. 이는 일하지 않고 살아야 하는 기간이 그만큼 늘었다는 의미다. 혹자는 "20년 벌어 50년 먹을 것을 준비해야 한다"고 말하기도 한다. 저금리 환경과 더불어 노령화 사회로 변해감에 따라 미래에 대한 불안감이 상대적으로 커진 것이다.

"왜 돈을 모으려고 하는가?"라는 질문에 "노후 대비를 위해서"라고 답하는 선진국 사람들의 얘기가 더 이상 남의 일로 생각되지 않는다. 이제 불확실한 노후를 대비하기 위해서는 단순한 저축(deposit)이 아닌 투자(investment)를 통해 자산의 운용수익을 최대한 높여야 하는 시대를 맞이하고 있다.

우리나라 국민들은 저금리 시대에 대처하려면 투자를 통한 재산증식이 필요하다는 것을 잘 인식하고 있으며 관심도 높다. 하지만 개인의 금융자산 가운데 60% 정도는 여전히 은행예금에 맡겨지고 있는 실정이다. 반면에 주식이나 채권 등 유가증권 투자는 금융자산의 17% 정도에 불과하다. 미국의 경우, 가계 금융자산 가운데 70~80% 정도가 투자상품이고 저축상품은 20~30% 수준에 머물고 있다. 특히 은행예금 비중은 12% 정도에 불과하다. 물론 미국의 가계가 처음부터 투자자산 비중이 높았던 것은 아니다. 1975년 당시 미국 가계의 금융자산 구성 중 예금은 55% 수준으로 우리나라와 큰 차이가 없었다. 그러나 1980년대 후반 미국 10년 만기 국채금리가 12% 안팎에서 3~4%대로 떨어진 후 저금리 기조가 지속됨에 따라, 은행저축 위주의 자산구성에서 투자자산 위주로 그 구성이 급속도로 바뀌었다.

2005년 들어, KRX 100지수와 코스피지수가 모두 사상 최고치를 경신하는 등 증권시장은 모처럼 활기를 띠고 있다. 하지만 개인들의 증권투자 확대 소식은 좀처럼 듣기 힘들다. 오히려 상승장에서도 개인투자자들이 소외되어 실망감만 안고 시장을 떠나는 안타까운 모습이 종종 눈에 띈다. 이와 같은 개인들의 투자실패는 대박의 환상에 사로잡혀 위험관리가 무시된 이른바 '몰빵 투자', 기업의 재무구조나 경영실적을 도외시한 '묻지마 투자', 초단타투자 등 과거의 잘못된 투자 습관을 버리지 못한 데 기인한 것으로 보인다.

개인투자자들의 잘못된 투자 습관이 결코 개개인의 투기 성향에만 기인했다고 보기는 어렵다. 단기 영업수익에 치중한 나머지 개인투자자들의 과도한 단기투자 행태를 부추긴 일부 증권계 종사자들의 책임도 크다고 하겠다. 다행히 최근의 증시 여건 호전은 개인투자자가 올바른 투자관을 세우고 투자지식을 갖추어 건전한 투자풍토를 형성할 수 있는 계기를 마련해 주고 있다.

요즈음 일반인들의 재테크나 부자되기 열풍으로 인해 대부분의 경제·경영 부문 베스트셀러는 재테크나 투자 관련 실용 서적들로 채워지고 있지만, 거의 일반인이 이해하기 어려운 전문용어로 씌어져 경제·금융 지식을 제대로 전달하지 못하고 있다. 또 일부에서는 검증되지 않은 투자 고수들의 성공사례를 소개한 "이렇게 하면 누구나 쉽게 부자가 될 수 있다"는 식의 무책임한 투자 참고서들이 출판붐을 이루고 있다. 물론 이러한 서적들이 투자자에게 도움을 주는 부분도 있지만, 자칫 잘못된 투자관을 심어줄 수도 있다. 증권시장 내부에서도 건전한 투자문화 정착을 위해서 개인투자자에게 적합한 투자 안내서가 나와야 한다는 요구가 꾸준히 제기되어 왔다.

이 책이 증권시장에 처음 입문하려는 개인투자자들에게 왜 저축보다는 투자를 해야 하는지, 또 어떤 투자 자세를 가져야 하는지를 다시 한번 생각하게 하는 지침서가 되었으면 하는 바람이다. 아울러 저금리 시대를 헤쳐나가는 데 도움이 되고 투자 관련 기초 지식을 이해하기 쉽게 전달하는 안내서가 되었으면 한다.

　마지막으로 개인들이 부동산과 은행예금 중심의 단순한 자산구성에서 벗어나 증권투자의 비중 확대를 통해 재산을 증식함으로써 균형 있는 자산구조를 갖추고, 노후 걱정없이 생업에 전념하면서 행복한 삶을 영위하는 데 이 책이 조금이나마 도움이 되기를 희망한다.

차례

CHAPTER 1

증권투자 시대가 열리고 있다

CHAPTER 2

지혜로운 부자들은 간접투자를 한다

CHAPTER 3
주식투자는 기본만 알아도 수익이 창출된다

CHAPTER 4
주식투자에도 블루오션은 있다

CHAPTER 5
채권투자로 두 마리 토끼를 잡는다

CHAPTER 6
선물거래로 고수익에 도전한다

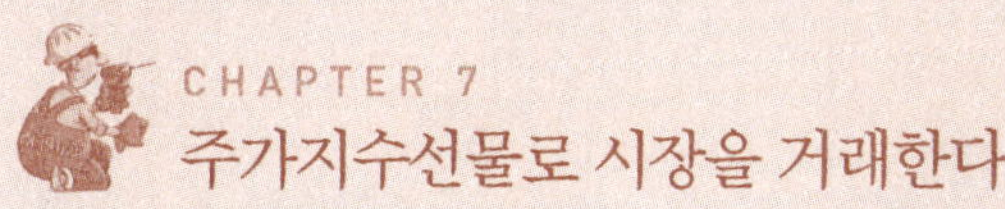

CHAPTER 7
주가지수선물로 시장을 거래한다

CHAPTER 8
옵션투자로 권리를 사고 판다

CHAPTER 9
시대가 변하면 금융상품도 변한다

증권투자 시대가 열리고 있다

01

급변하는 재테크 환경

고령화 시대와 자산운용

전세계적으로 의료기술 발달에 힘입어 인간의 평균 수명이 많이 연장되고 있다. 이런 추세는 고령화 사회로의 진입을 예고한다. UN은 전체 인구 가운데 노인인구 비율이 7%를 넘어서면 '고령화 사회', 14% 이상이면 '고령사회', 20%를 넘어서면 '초고령사회'로 정의한다. 통계청 조사에 따르면, 우리나라는 2001년 기준으로 65세 이상의 인구 비율이 7.3% 수준으로 이미 고령화 사회로 진입했음을 알 수 있다. 나아가 통계청은 2019년에는 고령사회, 2026년에는 초고령사회로 진입할 것으로 전망한다. 여기에 출산기피 현상까지 겹쳐 향후 우리나라의 성장잠재력이 크게 훼손될 것이라고 내다보고 있다.

고령화 사회로 접어들면서 개인들의 자산 포트폴리오* 구성에 변화가 생길 것으로 보인다. 즉 전문가들은 부동산보다 금융자산 선호도가 증가할 것이라고 예측한다. 부동산 선호도가 감소하는 것은 부양세대들이 불확실한 미래 대비를 위해 저축을 늘리고, 고령화에 따른 노인들의 금융자산 축적도 증가하기 때문이다.

2005년 9월 산업은행은 〈고령화가 사회, 경제 및 금융 부문에 미치는 영향〉이라는 보고서를 통해 2004년 말 현재 1,028조 원 수준인 금융자산이 2020년에는 3,398조 원으로 늘어 3배가 넘게 증가할 것으로 전망했다. 반면 부동산 등 비금융자산은 2004년 말 5,286조 원에서 2020년 말에는 7,847조 원으로 소폭 증가해 그 증가폭이 금융자산보다 훨씬 적을 것으로 내다보았다.

또 현대경제연구원은 〈인구 고령화 시대에는 부동산가격이 하락한다〉는 보고서에서 퇴직 후 베이비붐 세대들이 소득재원 충당을 위해 부동산을 대량 매각하고, 인구감소 요인으로 주택수요가 급감해 부동산가격이 하락할 수밖에 없다고 지적했다. 그리고 부동산가격 하락에 대한 투자 대안으로서 대규모 주식수요가 예상됨에 따라 주식시장이 크게 성장할 것으로 예상했다.

미국에서는 베이비부머 세대(baby boomer : 제2차 세계대전 이후 태어난 41~59세 연령의 사람들)가, 일본에서는 제2차 세계대전 종전 이후에 태어난 단카이 세대(團塊世代 : 1947~49년에 태어난 사람들)가, 그리고 우리나라에서는 1950년 한국전쟁 이후에 태어난 베이비붐 세대가 각각 자국 경제에서 금융자산 형성의 중심축으로 등장했다. 이들 세대의 경제행동 패턴이 향후 자국 경제에 중요한 영향을 미친다는 분석이 지배적이다.

이에 비추어볼 때 고령화 사회에서는 주식시장이 크게 성장할 것으로 전망된다. 특히 우리나라의 경우 베이비붐 세대가 중장년층으로 접어드는 시점에 있다. 이들은 전통적으로 장기적이고 안정성이 높은 자산을 선호하지만 저금리 기조가 지속되고 이러한 현상이 정착될 것으로 예상됨에 따라 금융자산 보유 패턴을 현금과 예금 중심에서 유가증권*, 보험, 연금 중심으로 바꾸어갈 것으로 보인다. 2005년 말부터 시행되는 기업연금제도*는 기본적인 연금 운용수단으로, 유가증권 투자가 필수적이므로 증권시장에 또 하나의 커다란 수요 기반으로 등장할 전망이다. 또 자본시장 중시의 금융정책 재편은 증권시장에 새로운 활력을 제공할 것이다.

연기금과 기업연금의 위탁수요와 개인들의 노후자금 운용수요가 증가하면서 자산관리가 금융계의 새로운 블루오션으로 자리잡고 있다. 앞으로는 금융기관을 보고 상품을 선택하는 것이 아니라, 어느 금융기관이 투자자의 자산을 안정적으로 관리해 줄 수 있는 전문가를 보유했는지의 여부가 투자자의 판단 기준이 될 것이다. 증권회사의 종합자산관리상품인 랩어카운트(wrap account)*는 은행들의 PB(private banking)와 치열한 경쟁상품이 될 것이다.

금융 산업의 발전이 예상됨에 따라 은행, 증권, 보험 등의 산업구도 역시 새롭게 재편될 전망이다. 금융권 간의 장벽이 허물어지면서 고령화에 따른 장기투자상품에 대한 수요가 증대됨에 따라 저축예금을 펀드투자로 전환하기 위한 금융권신상품 개발이 촉진되고 있다.

예컨대 주가연계증권(ELS)*, 주가연계예금(ELD)*, 주가연계펀드(ELF)*, 방카슈랑스, 변액보험* 등은 비교적 최근에 개발된 상품들로

업종 간 벽을 무너뜨리는 대표적 신상품이다. 이에 따라 시장 선점을 위한 금융기관의 경쟁도 치열해져 상품의 설계 및 운용 능력을 갖춘 회사가 각광받게 될 것이다.

2004년 말 현재 국내 최대 연금인 국민연금 운용자산은 155조 원, 생명보험 운용자산은 168조 원을 기록해 2000년 말의 73조 원과 99조 원에 비해 각각 112%, 70%의 신장세를 보였다. 반면에 같은 기간 시중은행의 총자산은 506조 원에서 658조 원으로 30% 느는 데 그쳤다. 이는 개인들의 금융자산을 둘러싼 환경변화를 반영한 자연스러운 결과다.

이와 같이 거대하게 성장한 연금과 보험은 마땅한 자산 운용처를 찾기 위해 골몰하고 있다. 이들의 주요 투자시장은 부동산, 은행, 유가증권 등이다. 그러나 현재 미국을 비롯한 주요국의 부동산시장은 거품의 가능성이 제기되고 있으며, 국내 부동산시장 역시 '8 · 31 부동산대책'과 같은 강력한 규제로 수익률 제고가 쉽지 않은 상황이다. 은행예금은 저금리 시대가 지속되고 인플레이션을 감안한 실질금리가 마이너스로 떨어짐에 따라 메리트가 감소하고 있다.

게다가 부동산은 환금성 측면에서, 은행은 일정 기간 고정금리라는 측면에서 단점을 지니고 있어 자산운용의 유동성이나 수익성 제고 면에서 불리하다.

그러므로 운용자산의 수익률 제고는 연기금과 보험 산업은 물론 금융기관과 개인들 모두의 과제로 대두되었다. 이 같은 금융환경 변화 속에서 수익률 제고를 도모하기 위해서는 개인이나 기관투자자* 모두 일정 부분 리스크*를 감수하고서라도 적극적인 자세로 대응하는 전략이 필요하다. 당연히 여기에는 고수익·고위험(high risk·high return)이라는 투자원리가 뒤따르게 마련이다. 유가증권과 선물, 옵션*, 스왑 등의 파생상품*은 그러한 운용전략에 적합한 상품이다. 그리고 증권시장에서 직접투자보다 간접투자*가 활발한 모습을 보이는 이유는 앞에서 언급한 모든 현상을 감안한 자연스러운 추세라고 볼 수 있다. 파생상품 등 복잡한 신종 금융상품의 등장과 불확실한 금융환경에서는 직접투자 대신 기관투자자들의 전문성을 이용하려는 개인투자자가 많아지게 마련이다. 금융 선진국인 미국에서 뮤추얼펀드* 산업이 자산운용 수단으로 급부상한 것도 이런 맥락과 무관하지 않다. 다만 시차를 두고 그와 같은 흐름이 우리나라 증권시장에도 자연스럽게 도래한 것뿐이다.

고주가 시대의 의미

유가증권시장과 코스닥시장 대표 종목 100개로 구성되어 2005년 6월 1일부터 발표를 시작한 KRX 100과 코스피지수가 사상 최고치를 경신하는 고주가 시대가 전개되고 있다. 이와 같은 주식시장의 상승세 지속은 외국인의 지속적인 매수와 함께 저금리에 따른 위험자산 수요 증가, 연기금의 주식투자 활성화, 중장기 간접투자상품 수요 확산 등에 기인한다.

그 동안 외국인이 주도하던 시장에 탄탄한 매수 여력을 갖춘 기관투자자가 본격적으로 참여했기 때문이다. 반면에 개인투자자들의 주식보유 비중은 점점 줄고 있다. 투자주체별 주식보유 비중을 2001년과 2004년 말 현재로 대비해 살펴보면 기관투자자들은

15.7%에서 17.6%로 증가했지만, 개인투자자들은 22.3%에서 18.0%로 줄었다. 그리고 외국인 투자자들의 주식보유 비중은 36.6%에서 41.9%로 꾸준히 확대되었다.

시가총액* 상위를 구성하는 종목도 1980년대 말과는 많이 달라져 우리 산업구조에 많은 변화가 있었음을 시사한다. 예컨대 1980년대 말 증시 활황기에는 금융주가 상위를 점했지만, 현재는 반도체·자동차·정보통신 업종이 상위를 차지한다. 우리나라 기업은 지난 15여 년 동안 반도체, LCD, 휴대폰, 자동차, 철강, 조선 등의 분야에서 세계적인 기술력을 바탕으로 세계시장을 선도하는 강국으로 성장했다. 그 결과 투자자들에게 매력적인 여러 투자 대상을 제공할 수 있게 되었다.

사실 그 동안 국내기업 주가는 우리나라 경제의 기초체력(fundamental)과 기업가치에 비해 지나치게 저평가되어 왔다. 따라서 최근의 주가 상승은 저평가되어 있는 만큼 성장잠재력이 풍부해 주가의 재평가(re-rating)가 진행되고 있는 과정으로 볼 수도 있다. 적립식펀드* 열풍에 따라 각종 펀드*로 자금유입이 급증하면서 기관투자자들의 매수 여력이 확대된 결과, 증시의 수급 기반도 크게 강화되었다. 자산운용협회에 따르면, 2000년 말 137조 원이었던 수탁고가 2005년 8월 현재 209조 원에 달해 53%나 늘었다.

수요 측면에서의 또 한 가지 요인은 증시의 공급물량이 예전에 비해 크게 줄어듦으로써 주식시장의 수요 초과 현상이 이어졌다는 점이다. 1980년대 말 주가상승기에는 기업들이 대규모 기업공개*와 유상증자* 등으로 공급 초과 현상을 보였으나, IMF 이후 기업들의 꾸준한 재무구조개선 노력과 함께 내실 있는 경영활동으로 여유자금 보유가 증가했다. 그 결과 주식발행을 통한 자금조달의 필요성이 크게 감소했으며 지금은 오히려 우량주식의 공급이 필요한 시점이다.

상장*기업들은 IMF 이후 꾸준히 구조조정을 추진해 부채비율을 낮추고 핵심 부문에 역량을 집중하여 수익성을 제고시켰다. 뿐만 아니라 배당*에도 적극적이다. 이런 결과를 반영해 1999년 말에는 회사채수익률*과 배당수익률*이 각각 8.8%, 3.2%를 기록해 5%포인트 이상의 격차를 보였으나, 2004년 말에는 양자가 4%대 후반으로 거의 비슷한 수준을 나타냈다. 그만큼 주식이 매력적인 투자수단이 되었다는 얘기다.

또한 주주가치 극대화 경영이 점차 정착되어가고 기업지배구조와 회계투명성이 제고되는 등 국내 상장기업의 경영관행이 개선된 점도 주식투자의 매력을 높인 요인으로 꼽을 수 있다.

대외적인 요인으로는 IMF 이후 크게 떨어져 있던 국가신용등급 상향조정과 북핵 관련 6자회담 재개 등 지정학적 리스크가 감소한 결과가 앞에서 언급한 기업의 실적 향상과 투명성 제고 등의 결과와 어우러져 한국기업의 주가할인 요소가 상당 부분 해소된 점을 들 수 있다.

1980년대 말 3저 현상(저달러, 저유가, 저금리)에 힘입어 코스피지수가 1000포인트 수준을 기록한 것과 비교할 경우, 그 동안 국내총생산(GDP) 규모의 확대와 상장기업의 시가총액 증가, 그리고 재무구조의 개선을 감안하면 코스피지수 1000포인트 시대 도래는 당연한 결과인지도 모른다.

　　우리나라 주식시장은 1000포인트를 돌파한 이후 예전의 양상과
는 달리 탄탄한 상승 흐름을 이어가고 있다. 우리 경제의 위상 강화
와 무한한 성장잠재력, 그리고 IT, 바이오 산업, 반도체, 철강, 건설,
자동차 등 각종 산업 부문에서 보여준 탁월한 국제경쟁력은 우리 주
식시장을 뒷받침해 주는 든든한 버팀목이다. 우리 주식시장은 그야
말로 새로운 도약을 위한 출발선상에 서 있다고 볼 수 있다.

02

부동산은 지고 증권이 뜬다

개인의 자산은 주로 부동산과 은행예금, 주식, 채권* 등의 금융자산으로 구성된다.

우리나라 개인들은 자산을 주로 토지나 아파트와 같은 부동산투자를 통해 형성하는 경향이 강했다. 그러나 부동산투자는 최소 투자단위가 보통 수천만 원 또는 수억 원 이상이기 때문에 주식이나 채권보다 투자하기가 쉽지 않은 게 현실이다. 그럼에도 불구하고, 자금력이 크지 않은 개인들이 거의 모든 재산을 걸어야 하는 부동산투자에 은행대출 등의 빚까지 얻어 과감하게 뛰어든 이유는 부동산 불패신화 때문이다. 그러나 무너질 것 같지 않았던 부동산 불패신화가 부동산투기에 따른 국가적·경제적 부작용을 우려하는 정부의 강력한 규제정책에 직면해 있어, 이제는 과거처럼 부동산투자가 높은 수익을 낼 것이라는 기대는 버려야 할 것이다.

한편 우리나라 개인(가계)들이 소유한 금융자산의 60% 이상은 은행예금이나 현금 등 현금성 자산으로 이루어져 있다. 전통적으로 우리나라 국민들은 보수적인 성향이 짙은 탓에 주로 안전한 은행예금을 통해 목돈을 마련해 왔다. 1990년대 후반까지만 해도 은행예금은 원금손실 위험 없이 연 10% 이상의 이자를 보장해 주는 훌륭한 재산증식 수단이었다. 그러나 외환위기 이후 기업투자 감소와 경기활성화를 위한 정부의 저금리정책이 지속되면서 '저축＝재산증식' 이라는 도식에 변화가 생겼다.

한국은행에 따르면, 2005년 8월 현재 은행 정기예금금리는 연평균 3.44% 정도인데, 여기에서 이자소득세 14.0%와 주민세 1.4%(이자소득세의 10%)를 제한 세후 금리는 2.91%로, 소비자물가상승률 3.08%(통계청 발표 2005년 평균 물가상승률)보다 낮다. 즉 은행예금을 통해 얻을 수 있는 실질이자는 마이너스인 셈이다.

믿고 싶지 않겠지만, 은행예금이 가장 확실한 재산증식 수단이라는 틀에 박힌 생각에서 빨리 벗어나지 않으면 힘들게 모은 재산이 실질가치 감소라는 위험에 처할 수 있다.

한편 주식과 채권 등 유가증권자산 비중은 전체 가계금융자산의 17% 정도에 불과하다. 물론 과거 증권시장 호황기에 '바이 코리아(Buy Korea)' 와 같은 주식투자 붐에 힘입어 개인의 주식소유 비중이 일시적으로 확대된 적도 있었다. 그러나 투자에 대한 기본 개념조차 정립되지 못한 상태에서 '묻지마 투자' 나 단기간에 목표수익률을 달성하면 곧 해산하는 스팟펀드(spot fund)* 등 기형적인 단기펀드들의

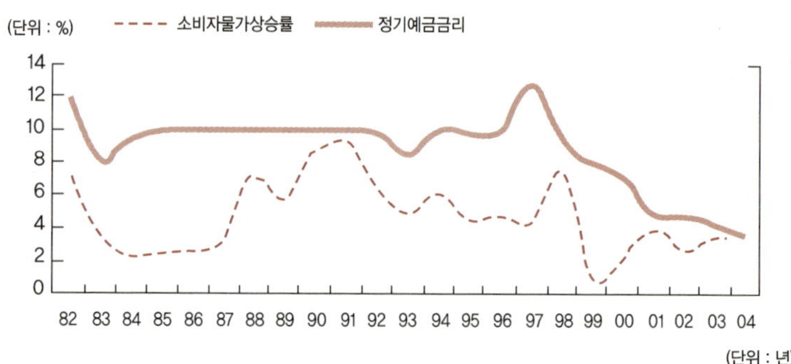

자료 : 통계청, 한국은행

성행에 따른 그릇된 투자관이 만연했다. 그 결과 주식시장의 폭락과 함께 투자열기는 거품처럼 사라져버리곤 했다. 그 후유증으로 주식투자는 투기라는 왜곡된 이미지만 남겼고, 오로지 은행예금이 안전한 재테크 수단이라는 편향적인 믿음을 갖게 만들었다.

그렇다면 최근 언론에서 은행예금이나 부동산투자보다 증권투자 비중을 늘려야 한다고 강조하는 이유는 무엇일까? 그리고 은행에서는 왜 주가연계예금과 같은 실적배당상품을 경쟁적으로 판매하는 것일까? 이것은 증권시장이 활황을 보이는 탓도 있지만, 은행 역시 예대 마진만으로는 이익창출이 어려워 더 이상 유가증권투자 관련 상품을 외면할 수 없게 된 현실에서 비롯한다.

게다가 심각한 고용불안, 갈수록 어려워지는 내집마련, 사교육비 부담 증가, 평균 수명 연장, 조기퇴직 등의 영향이 은퇴 후 생존 기간 연장 문제와 맞물려 각 개인의 재무환경을 갈수록 악화시키고 있

다. 중산층 봉급생활자들은 이제 유일한 수입원인 급여와 은행이자
만으로 주택구입, 자녀교육, 노후생활 대비라는 재무목표를 달성하
기가 사실상 어려워졌다.

이제 증권투자는 부자가 되기 위해서라기보다 재무적으로 실패한
인생이 되지 않기 위해 꼭 필요한 수단이 되었다. 이런 시대에서 살
아남을 수 있는 최선의 대응책은 무엇일까? 아마도 지속적이면서도
안정적인 수익을 추구할 수 있는 투자에 관심을 갖는 일일 것이다.
즉 안락한 인생을 영위하기 위한 재무목표를 세우고, 그 목표를 달
성하고자 노력하는 자세가 필요하다.

03

안정성 · 수익성 · 환금성을
고루 갖춘 증권투자

재산증식 수단으로 활용되던 은행예금이나 부동산투자가 매력을 상실했다면 그 대체 수단은 증권투자다.

증권투자가 다른 투자 대상보다 매력적인 이유는 무엇일까? 첫번째 적은 돈으로도 투자가 가능하다는 점이다. 은행예금의 경우 일정 규모 이상의 목돈이 아니라면 은행이 제시하는 금리 수준을 받아들여야 한다. 부동산의 경우 일정 수준 이상의 많은 자금이 있어야 투자를 시작할 수 있다. 그러나 증권투자는 몇 백만 원 또는 그보다 훨씬 적은 금액으로도 누구나 쉽게 시작할 수 있다. 따라서 은행에서 제공하는 이자에 만족하지 못하는 사람이라면 다소 위험을 감수하고서라도 더 나은 수익을 제공하는 증권이 매력적인 투자 대상이다.

두번째 증권으로도 안정적인 수익을 거둘 수 있다는 점이다. 많은 사람들이 증권투자를 위험하다고 생각하거나 심지어 증권에 투자하면 망하기 쉽다고 말한다. 그러나 주식투자에서 얻을 수 있는 수익은 주가 변화에 따른 시세차익만 있는 것이 아니다. 즉 많은 상장기업들이 벌어들인 순이익 중에서 신규 투자 등에 필요한 만큼을 제외하고 주주에게 이익을 되돌려주는 것을 '배당'이라고 하는데, 투자자는 현금이나 주식의 형태로 배당받게 된다. 증권선물거래소(이하 거래소) 상장기업의 60%(유가증권시장 70%, 코스닥시장 50%) 이상이 배당을 실시하고 있으며 그 수도 점점 증가하는 추세다.

2004년 배당수익률은 2.44%로 은행의 예금금리와 1%포인트도 차이가 나지 않는다. IMF 외환위기 직후만 해도 은행금리와 배당수익률이 10%포인트 정도 차이 났지만, 10년이 안 되는 사이에 거의 근접한 수준에 이른 것이다. 따라서 배당수익률이 은행예금금리를 상회하는 고배당 기업의 주식에 투자하면, 주식가격이 상승하지 않더라도 은행예금 이상의 수익을 얻을 수 있다.

세번째 세금이 낮고 현금화하기 쉽다는 점이다. 다른 투자 대상에 비해 세금부담이 적다는 점도 주식투자의 장점이다. 주식투자를 통해 얻게 되는 배당수익에 대해서는 세금을 내지만, 주식가격 상승시 주식을 팔아 얻는 시세차익(capital gain)에 대해서는 세금을 내지 않는다. 반면 부동산은 매입시에 취득세를 부담해야 하고, 의무보유기간이 경과하지 않은 부동산을 매각할 경우 막대한 양도세를 부담해야 한다.

그리고 대부분의 증권은 매일매일 거래가 이루어지기 때문에, 현금이 필요할 경우 언제든지 시장에서 거래되는 가격에 팔 수 있다.

반면 부동산거래는 증권처럼 구체적이고 집중화된 시장이 없어 부동산 보유자가 원하는 시기에 적정한 가격으로 현금화하는 데 어려움이 따른다. 급하게 현금이 필요해서 부동산을 처분하려 할 때, 부동산시장이 침체되어 있다면, 거래성립 여부 자체가 불투명하거나 막대한 손해를 감수하고 처분하는 경우가 많다. 반대로 부동산가격 상승기에는 원하는 부동산을 제때에 매입하지 못하는 모습을 주변에서 심심찮게 목격할 수 있다.

04

증권투자의 세 가지 선택 기준

금리가 너무 낮아 투자할 만한 금융상품이 없다고 많은 사람들이 고민한다. 이에 금융전문가들이 저금리 시대에 현명하게 대처할 수 있는 다양한 재테크 방법을 제시하지만, 시원한 해결책이 못 되는 경우가 많다. 그런데 이는 투자자들이 미래를 예측하고 그 예측이 빗나갔을 경우 투자실패를 받아들일 준비가 부족한 데 그 원인이 있다.

과거 우리는 저축과 투자를 구분해서 생각하지 않았다. 예컨대 투신사에서 원본손실 위험이 있는 수익증권을 사면서도 그 위험을 인식하지 못하는 금융문맹자들이었다. 그러다 IMF 외환위기를 겪으면서 많은 기업들이 극심한 어려움에 처하거나 도산하는 사태가 발생했다. 당시 이들 기업의 채권을 편입한 펀드가 부실화되는 등

예기치 못한 사건들 때문에 수익증권에 원본손실이 발생했다. 수익증권 투자자들은, "어떻게 모은 돈인데, 금융기관을 믿고 맡겼는데, 절대로 원금손실은 안 된다. 정부가 책임져라"며 용감하게 요구했다. 그리고 사회적·경제적 파장이라는 명분 아래 시장원리에 벗어난 투자자의 불합리한 요구가 어느 정도 수용되었다. 이는 모두 저축과 투자를 올바로 이해하지 못한 무지에서 비롯된 것이다.

그렇다면 저축과 투자는 도대체 어떻게 다른 것일까? 사전에서 그 의미를 찾아보면, 저축은 소득의 일부를 절약해서 금융기관에 맡긴 후 단순히 시간의 흐름에 대한 보상을 받는 것이다. 반면에 투자는 미래의 불확실한 수익을 얻기 위한 목적으로 현재의 소비를 희생하고 사업이나 주식, 채권 등에 자금을 투자하는 것으로 정의된다. 따라서 투자에 대한 기대수익은 무위험금리(정기예금금리)에다 미래의 불확실성에 대한 보상까지 요구하기 때문에 일반적으로 저축수익보다 높다.

현실에서는 저축상품과 투자상품을 어떤 기준에 따라 선택해야 할까? 첫번째 기준은 자금의 용도와 만기다. 만기란 저축이나 투자 기간을 말하는 것이 아니라, 그 자금을 얼마나 오랫동안 운용할 수 있는가를 말한다. 수개월 내에 써야 할 주택자금이나 단기유동자금으로 주식에 투자해서는 안 된다. 또한 생활비로 사용해야 할 노후자금으로 주식투자를 해서도 안 된다. 투자는 오래 묻어둘 수 있는 돈이나 단기적 시장 변동을 견딜 수 있는 여윳돈으로 해야만 한다.

두번째 기준은 개인의 투자성향이다. 만약 주가가 떨어져 조금이라도 투자원본에 손실이 생기면 참지 못하고 팔려고 하거나, 주가가 상승하면 당초 목표수익률에 만족하지 않은 채 팔지 못하는 사람이라면 투자해서는 안 된다. 재테크의 목적은 안락한 생활을 영위하고 행복하게 살기 위한 것이다. 그런데 이렇듯 양 극단의 사람들에게는 주식투자 자체가 큰 스트레스이며, 그로 인해 파산하거나 건강까지 잃게 될 위험이 있다. 자신이 그와 같은 투자성향을 갖고 있다면 은행금리에 만족하자.

마지막 기준은 기회 포착력과 위험관리 능력이다. 은행 파산 등에 따른 저축의 위험은 은행과 국가에 의해 관리되고, 예금자는 일정한 한도 내에서 보호된다. 그러나 투자위험은 전적으로 투자자 스스로 감당해야 하므로 투자자는 기대수익에 수반되는 위험을 잘 통제해야 한다. 다시 말해, 수익을 추구하는 과정에서 감내해야 하는 위험의 내용을 정확하게 인지하고 통제할 수 있어야 한다. 투자위험은 투자 자체에서 비롯된 위험보다는 위험을 정확하게 이해하지 못하는 데서 비롯된 위험이 더 큰 문제다. 성공한 투자자들은 끊임없이 정보를 수집, 활용하여 기회를 포착하고 결정하는 모습을 공통적으로 갖추고 있다. 이런 자세는 자신에 대한 확신에서 비롯된다. 따라서 자기 자신을 확신하는 용기와 준비가 투자자에게 필요하다.

오늘날 금융시장에는 투자자의 요구에 부응할 수 있는 새로운 상품들이 금융혁신을 통해 끊임없이 등장하고 있다. 잘만 찾아보면 괜찮은 상품임에도 불구하고, 어렵고 생소하다는 이유 때문에 선뜻 투자에 나서지 못하는 경우가 많다. 그러나 주변의 경제·시장 상황에 항상 관심을 갖고 시간을 투자해 어떤 투자 기회가 있는지 조사·결정하는 습관을 들이는 것이 중요하다.

금융 재테크에 필요한 세 개의 주머니

재테크는 투자의 세 가지 요소인 수익성, 안정성, 환금성을 적절히 고려해서 자신만의 투자 틀을 마련하는 것에서부터 시작된다. 바로 이런 자세가 투자의 성패를 가르는 요인이다. 투자자산 구성의 황금배분이란 주식, 채권, 부동산, 예금 등의 자산배분 비율을 경제상황과 자신의 투자성향에 따라 최적의 비율로 배분하는 것을 말한다. 이때 고려되어야 할 투자성향은 소득 수준, 투자경험, 향후 소득, 연령, 투자위험의 수용 정도, 총자산 중 투자 가능액, 투자목표 등에 따라 파악할 수 있다. 자신의 투자성향을 파악한 결과 위험회피 성향이 큰 것으로 나타난 투자자는 채권이나 예금 비중을 높이고, 수익추구 성향이 큰 투자자는 주식 비중을 높이게 된다.

그런데 이제까지 우리는 주식투자자는 주식투자만, 부동산투자자는 부동산만 바라보는 '올인(all-in) 투자'가 주를 이루었다. 우리 주변에는 안전성이나 환금성에 대한 고려 없이 높은 수익성만을 좇다가 '올인 투자'로 가산을 탕진하고 가정이 무너진 사람들이 적지 않다. 이들의 실패원인은 기본적인 투자원칙과 목표도 없이 그저 욕심만 좇는 데 기인한다.

그러나 경제상황에 관계없이 항상 최고의 수익을 낳는 투자상품은 없다. 따라서 안정적인 수익확보라는 투자 목적을 달성하기 위해서는 어느 한 투자 대상에 모든 자산을 투자하기보다 주식, 채권, 부동산 등 여러 투자 대안에 자금을 배분하는 포트폴리오 구성이 필요하다.

그렇다면 향후 개인의 금융자산은 어떻게 배분·관리되어야 할까? 미국 최대의 온라인 증권회사인 찰스 스왑의 사장을 역임한 바 있는 티모시 매카시(Timothy F. McCathy)는 쉽고 재미있는 자산배분 방법을 소개하고 있다. 그는 보유자산을 세 개의 주머니, 즉 저축 주머니, 트레이딩 주머니, 자산형성 주머니로 나누어 관리하라고 조언한다.

먼저, 저축 주머니는 누구나 갖고 있어야 하는 주머니다. 여기에는 몇 개월 이내에 써야 할 생계비, 자녀학자금, 그리고 예기치 않은 사태를 위한 비상금을 넣어 관리한다. 따라서 저축 주머니의 생계비는 언제 써야 할지 모르기 때문에 은행예금이나 MMF(money market fund)* 같은 상품에 넣는 것이 좋다. 생활비를 넣는다고 해서 생계용 주머니라고 하기도 한다.

금융상품은 저축상품과 투자상품으로 나뉘는데, 저축상품은 은행예금처럼 금융기관이 운용책임을 지기 때문에 수익률이 낮지만 원금손실의 위험이 없고 쉽게 해약할 수 있다. 반면 투자상품은 운용결과에 대한 책임을 투자자가 지는 것으로서 주식과 채권, 그리고 펀드가 대표적인 상품이다. 투자상품에 투자할 때는 그 상품의 위험과 수익률을 잘 알고 있어야 한다. 그런데 한 달 후 사용해야 할 이사자금이나 6개월 후 자녀의 결혼자금처럼 저축 주머니에 들어갈 돈을 투자상품에 넣었다가 큰 손해를 보는 투자자들이 있다.

트레이딩 주머니는 단기적으로 주식, 채권, 선물·옵션 등에 투자할 돈 주머니다. 이 주머니의 성격은 위험을 각오하고 단기에 승부를 건다는 의미에서 투기에 가깝다. 트레이딩은 위험성이 큰 만큼 기대할 수 있는 수익도 크지만, 반대의 경우도 생각해야 한다. 따라서 트레이딩 주머니는 처음부터 오락용 주머니라고 생각하고 투자에 임하는 것이 좋다. 혹시 운이 좋아 수익을 많이 내면 좋지만, 예기치 못한 상황을 만나 큰 손해를 보더라도 '오락을 했으니까' 하고 체념할 수 있어야 한다. 트레이딩 주머니 운용에서 실패하더라도 노후생활에 타격을 주어서는 안 된다. 그러므로 보유 금융자산의 20% 이상을 트레이딩 주머니에 넣지 않는 것이 좋다. 지금까지 우리나라 개인은 금융자산 대부분을 저금리의 은행예금 또는 위험이 큰 트레이딩 자산으로 양분해서 운용해 왔다. 이제부터라도 '모 아니면 도' 식의 자산관리에서 벗어나 장기·분산 투자로 재산을 형성하는 방법에 관심을 가져야 할 것이다.

마지막으로 자산형성 주머니를 살펴보자. 자산형성 주머니는 자신의 꿈을 실현하기 위한 자금을 비롯해서 자녀들의 장래 교육자금, 노후의 생활자금 등을 마련하기 위한 것이다. 이 주머니의 운용결과에 따라 노후생활 수준이 크게 달라진다. 자산형성 주머니를 운용하는 전략의 초점은 투자 대상 분산과 장기투자에 두어야 한다. 미국 가정의 금융자산 구성을 보면 현금·예금은 13%에 불과하고, 장기간에 걸쳐 주식이나 채권의 투자 비중을 70~80% 수준으로 유지하고 있다.

이제 우리나라도 단기시황에 연연하지 않으며 위험을 잘 관리해가면서, 노후대비 자산형성에 성공할 수 있는 방법을 찾아야 할 시기가 왔다.

세 주머니에 넣을 자산 비중(즉 포트폴리오의 구성)은 직접투자를 하든 간접투자를 하든 투자자가 스스로 결정해야 한다. 직접 자산배분 비율을 짜는 것이 어렵다면, 금융기관 자산관리사(FP : financial planner)의 도움을 받을 수 있다. 그러나 자산관리사는 특정 금융회사에 소속되어 있기 때문에 고객의 포트폴리오를 자사 금융상품 위주로 구성할 우려가 있다. 자산배분에 관한 조언을 여러 금융회사에 요청해 보면, 보험회사 FP는 보험상품에, 증권사 FP는 주식형 펀드에 더 많은 비중을 둔다는 사실을 알 수 있다. 팔은 안으로 굽기 때문일 것이다.

결론적으로 전문가들의 의견이나 판단은 참고하되, 결정을 남에게 맡겨서는 안 된다. 전문가들의 판단도 틀릴 수 있기 때문이다. 투자에 대한 결과는 조언자가 아닌 투자자 자신이 책임지는 것이므로 최종 판단은 스스로 내려야 한다.

증권회사는 재테크를 위한 친절한 도우미

일반적으로 투자자들은 증권회사에서는 주식과 채권만 살 수 있다고 생각한다. 그러나 조금만 관심을 갖고 주위를 둘러보면 은행예금 수준의 안정성을 갖고 있으면서 수익도 높은 금융상품이 많다. 정보통신과 인터넷의 발달에 힘입어 주식매매시 홈트레이딩 시스템(HTS : home trading system)* 비중이 최고 65% 수준을 넘어서면서 증권회사의 주식중개수수료 수입 비중이 급격히 하락했다. 따라서 증권회사는 중개수수료 수입 의존도를 낮추어 수익구조를 안정화하고자 취급상품을 다양화하고 있다.

증권회사가 제공하는 다양한 금융상품을 알아보려면 각 지점의 금융상품 전담팀을 찾으면 된다. 증권회사가 취급하는 상품은 거의 비슷하다. 따라서 이왕이면 자신이 취급하고 있는 금융상품 관련 정보를 갖고 있으면서 다른 금융권 상품의 장단점까지 섭렵하고 있는 전담직원과 상담하는 것이 좋다. 보통 금융상품 전담직원은 금융상품에 대한 상담뿐 아니라, 개인별 금융종합과세 등 세무 서비스까지 제공하는 경우가 많다. 이들을 재테크 도우미로 활용하면 여러 모로 편리하다.

증권회사에서 판매하는 금융상품 중 개인들이 눈여겨볼 만한 금융상품으로는 MMF, 신탁상품, RP(repurchase, 환매조건부채권)*, CP(commercial paper, 기업어음), CD(certificate of deposit, 양도성예금증서)* 등이 있다.

MMF는 증권회사에서 취급하지만 주식과 전혀 관련이 없는 예금상품이다. 거래금액에 제한이 없고 입출금이 자유로우며, 매일매일 이자가 계산되기 때문에 오늘 입금하고 내일 찾더라도 하루치 이자를 얻을 수 있다.

증권회사에도 은행예금과 비슷한 확정금리를 지급하는 RP 상품이 있다. RP는 증권회사가 보유하는 채권을 근거로 발행하는 환매조건부채권이다. 용어는 다소 어렵지만 은행의 정기예금과 비슷한 것으로 이해하면 된다. 투자자는 증권회사에서 기간과 금리를 확인해서 돈을 맡기고 RP를 매입한 후, 만기에 원금을 찾게 된다. 이때 투자자는 혹시라도 채권의 상환불능으로 손실이 발생하지 않을까 걱정할 수 있다. 그러나 RP는 증권회사가 만기에 다시 되사기로 약속한 상품이므로 크게 걱정할 필요가 없다.

기업이 금융기관에서 운영자금을 빌릴 때 차용증서 대신 어음을 발행하는 경우가 많은데, 이 어음을 CP라고 한다. 금융기관은 대출

만기까지 자금이 묶이는 것을 피하기 위해 보유하고 있는 CP를 다른 금융기관이나 개인에게 팔게 된다. CP 통장에는 기업체 이름이 인쇄되는데, 그 기업에 돈을 빌려주었다는 것을 의미한다. 만기 이전에 기업이 부도나거나 파산하면 이자는 물론 원금도 회수할 수 없기 때문에 개인이 CP를 매입할 경우에는 발행기업의 신용도를 미리 살펴야만 한다.

CD는 예금주가 일정 기간 동안 돈을 예금했을 때 정해진 금리에 따라 원금과 이자를 받는다는 점에서 정기예금과 같다. 하지만 예금주의 실명이 통장에 기입되지 않고 만기 이전에는 해약이 안 되며 처음부터 유통될 수 있도록 양도성을 부여한 것이 큰 차이다.

리츠(REITs : real estate investment trusts)*는 부동산에 투자하고 싶지만 갖고 있는 돈이 얼마 안 되는 사람이나, 마땅한 투자 대상을 찾기 어려워 망설이는 사람들을 위한 부동산투자신탁상품이다. 즉 기관투자자들을 통해 자산가치가 좋은 대형 건물에 적은 돈으로 투자함으로써 안정적인 수입을 올릴 수 있는 신상품이다. 리츠는 대출금리에 가까운 수익을 올릴 수 있고 현금이 필요하면 증권시장을 통해 곧바로 팔 수 있어 매우 편리하다.

현재 국내에서 영업 중인 증권회사 숫자는 외국계를 포함해 총 53개다. 그리고 증권회사들이 제공하는 서비스의 질과 특화 분야는 다양하다. 따라서 투자자는 증권회사로부터 제공받고 싶은 서비스의 종류가 무엇인지 분명히 결정한 후 증권회사를 선택해야 한다. 증권회사는 매매중개 업무만을 영위하는 위탁매매 전문 증권회사와 투자자에게 매매중개, 투자조언, 자산관리 서비스 등을 제공하는 종합

증권회사

회사명	홈페이지
교보증권㈜	www.iprovest.com
굿모닝신한증권㈜	www.goodi.co.kr
대신증권㈜	www.daishin.co.kr
대우증권㈜	www.bestez.co.kr
신영증권㈜	www.shinyoung.com
서울증권㈜	www.seoulstock.co.kr
한양증권㈜	www.hygood.co.kr
메리츠증권㈜	www.imeritz.com
우리투자증권㈜	www.wooriwm.com
부국증권㈜	www.bookook.co.kr
하나증권㈜	www.clickhana.co.kr
현대증권㈜	www.youfirst.co.kr
한화증권㈜	www.koreastock.co.kr
신흥증권㈜	www.shs.co.kr
유화증권㈜	www.yhs.co.kr
동양종합금융증권㈜	www.myasset.co.kr
SK증권㈜	www.webtrade.co.kr
KGI증권㈜	www.kgieworld.co.kr
세종증권㈜	www.sejongiz.com
브릿지증권㈜	www.bridgefn.com
삼성증권㈜	www.samsungfn.com
동부증권㈜	www.winnet.co.kr
JP모간증권 서울지점	www.jpmorgan.com
한누리투자증권㈜	www.hannuri.com
맥쿼리증권 서울지점	www.macquarie.com
모간스탠리증권 서울지점	www.morganstanley.com
씨티그룹글로벌마켓증권㈜	www.citigroup.com
ABN암로증권 서울지점	www.abnamro.com
홍콩상하이증권 서울지점	www.hsbc.com
CLSA증권㈜	www.clsa.com
CSFB증권 서울지점	www.csfb.com
유비에스증권 서울지점	www.ubs.com
메릴린치증권 서울지점	www.ml.com
골드만삭스증권 서울지점	www.gs.com
CJ투자증권㈜	www.cjcyber.com
크레디아그리콜슈브르증권 서울지점	www.cheuvreux.com
미래에셋증권㈜	www.miraeasset.com

회사명	홈페이지
키움닷컴증권㈜	www.kiwoom.com
리딩투자증권㈜	www.leadingkorea.com
노무라증권 서울지점	www.nomura.com
푸르덴셜투자증권㈜	www.prucyber.com
대한투자증권㈜	www.daetoo.com
한국투자증권㈜	www.truefriend.com
도이치증권㈜	www.db.com
다이와증권 SMBC 서울지점	www.daiwa.co.jp
이트레이드증권㈜	www.e-trade.com
코리아RB증권중개	www.korearb.co.kr
비엔지증권중개	www.bngsec.com
피데스증권중개	www.fides.co.kr
바클레이즈캐피탈증권 서울지점	www.barcap.com

선물회사	
회사명	홈페이지
KB 선물	www.kookminfutures.co.kr
농협선물	www.nfutures.co.kr
동양선물	www.tyfutures.co.kr
부은선물	www.pbfutures.co.kr
삼성선물	www.ssfutures.co.kr
우리선물	www.futures.co.kr
외환선물	www.kebfutures.co.kr
JP모간퓨처스	www.jpmorgan.com
제일선물	www.cheilfutures.com
현대선물	www.hyundaifutures.com
KR선물	www.koreafutures.co.kr
한맥레프코선물	www.hanmag.com

* 회사명은 증권선물거래소의 회원번호 순으로 정리한 것임

증권회사로 구분된다.

1998년 8월에 온라인 주식거래가 도입된 이후 수수료인하 경쟁으로 증권회사별로 위탁수수료*에 차이가 있다. 따라서 거래 빈도가 잦은 투자자는 우선 증권회사들의 위탁수수료 수준을 점검해 볼 필요가

있다. 증권회사별 위탁수수료는 금융감독원홈페이지(www.fss.or.kr)에서 쉽게 비교할 수 있다. 수수료가 낮을수록 거래비용을 절약할 수는 있지만, 투자정보를 직접 수집할 시간적 여유가 없는 개인투자자라면 어떤 증권회사가 양질의 정보를 제공하는지도 미리 알아두어야 한다.

증권회사는 소중한 내 돈을 함께 키워갈 투자 파트너라는 생각을 갖고 조금 귀찮더라도 자신에게 맞는 증권회사를 선택하는 노력이 필요하다.

알아두면 유용한 증권회사 부가 서비스

IMF 외환위기 이후 은행들은 수익원 다양화를 위해 공짜 또는 아주 저렴한 비용으로 제공하던 자금이체나 수표발행 수수료 등을 대폭 인상했다. 그러다 보니 거액을 다른 금융기관에 이체하거나 수표로 발행해야 하는 고객의 입장에서는 송금수수료나 수표발행 수수료가 부담이 되고 왠지 부담하지 않아도 될 비용을 지출하는 것 같은 생각이 들 것이다.

재테크는 작은 것부터 꼼꼼하게 챙기는 일에서부터 시작된다. 푼돈이라고 생각할 수 있는 수수료일지라도 아끼고 절약하려는 자세가 재테크의 기본이다. 이제부터라도 각종 수수료를 절약할 수 있는 증권회사를 이용해 보자.

증권회사에서 계좌를 개설할 때에는 부가 서비스도 함께 신청하는 것이 좋다. 증권계좌의 예탁금을 자신이 자주 이용하는 은행계좌로 입출금할 수 있도록 해주는 '은행이체 서비스'는 기본이라고 할 수 있다. 또한 여러 종류의 증권에 투자한 경우 '증권계좌 간 자금이체 서비스'를 이용하면 증권회사에 직접 나가지 않고도 증권계좌 간 자금을 이체할 수 있어 편리하다.

그리고 주식투자만 할 경우라도 MMF 계좌를 개설하는 것이 좋다. 수시로 입출금이 가능한 MMF 계좌를 만들어 주식거래계좌와 자금이체 서비스를 신청해 두면, 주식을 매입하지 않은 예탁금의 하루치 이자라도 제공하는 MMF 계좌로 손쉽게 옮길 수 있어 이익이다. 그리고 자신이 거래하는 은행의 계좌와 MMF 계좌를 연결하는 서비스를 신청한다. 그러면 증권회사 홈페이지의 인터넷뱅킹을 이용해 MMF에서 은행계좌로 직접 원하는 금액을 송금할 수 있고, 카드대금 결제나 공과금 이체도 손쉽게 처리할 수 있다. MMF 계좌를 이용해 출금하면 수표발행 수수료가 없다. 증권회사에서는 고객의 출금에 대비해 미리 거래은행의 자기앞수표를 준비해 놓는다. 이 과정에서 발생하는 수표발행 수수료를 증권회사가 부담하기 때문에 고객은 수표발행 수수료를 절약할 수 있다.

영국의 Child Trust Fund

2004년 11월 영국 정부는 갓 태어난 모든 아기에게 250파운드, 우리 돈으로 약 50만 원 정도를 바우처(voucher : 상품권)로 지급하는 출산장려정책 겸 금융교육정책을 발표했다. 부모는 어린이신탁펀드(CTF : Child Trust Fund) 상품을 제공하는 금융기관 중 한 곳을 선택해 정부가 발행하는 바우쳐를 제시하여 어린이 명의로 계좌를 개설하게 된다. 만일 부모가 CTF 바우쳐 발행 후 1년 이내에 계좌를 개설하지 않을 경우 국세청이 부모 대신 계좌를 개설하도록 되어 있다. 계좌 내 자금은 어린이가 성년이 되는 18세까지 환매할 수 없다. 어린이가 CTF 계좌의 운용상황을 확인하고 투자펀드상품을 변경할 수 있어, 어릴 때부터 자연스럽게 경제 흐름을 배울 수 있다.

이 펀드의 목적은 영국 국민이 저축과 투자의 이점을 이해하는 데 도움이 되도록 하고, 부모와 자녀의 저축습관이 몸에 밸 수 있도록 금융기관과의 만남을 장려하며 어린이가 성인이 되었을 때 금융자산을 보유하도록 하는 데 있다. 또한 영국 정부는 CTF에서 발생하는 이자, 배당, 수익배당금, 자본이득 등에 비과세 혜택을 부여함으로써 국민의 저축과 투자를 장려한다.

그런데 영국 정부는 어떻게 갓난아기에게 예금통장도 아닌 펀드통장 제공이라는 아이디어를 생각해 냈을까? 기본적으로 이 프로그램은 장기투자가 은행저축상품에 비해 평균적으로 좋은 수익률을 낸다는 과거 데이터와 전망을 전제로 만들어진 것이다.

한편 CTF 상품을 취급하는 금융기관 입장에서 보면, 이 상품은 추가 입금이 연간 1,200파운드(약 250만 원)로 제한되어 계좌당 금액이 크지 않아 회사 수익에 큰 보탬이 되지 않는다. 그럼에도 불구하고, 피델리티 인베스트먼트(Fidelity Investments), 노위치 유니언(Norwitch Union), 핼리팩스(Halifax), 내이션와이드(Nationwide), HSBC, 스코티시

위도스(Scotish widows) 등은 다양한 CTF 계좌상품을 제공하고 있다. 이는 미래의 고객을 확보하고 어려서부터 투자교육을 시키기 위한 것이라고 볼 수 있다.

이처럼 태어날 때부터 체계적인 경제교육을 받은 사람과 그렇지 않은 사람의 생활방식은 천지차이다. 경제교육은 재테크 교육이 아니라 논리적 사고와 합리적 선택을 가르치는 삶의 기초교육이라고 할 수 있다.

OECD 국가 중 출산율이 가장 낮으며 인구 고령화가 빠른 속도로 진행되고 있는 우리나라도 출산장려정책과 어린이와 청소년을 위한 경제교육정책, 그리고 소액투자자 증시 유인책의 일환으로 이 같은 펀드의 도입을 고려할 필요가 있다.

지혜로운 부자들은 간접투자를 한다

01

소액으로도 고수익이 가능한 간접투자

투자는 크게 직접투자와 간접투자로 나뉜다. 직접투자란 투자자 스스로 투자 시기, 종목, 매매방법 등을 결정해 투자하는 것을 말한다. 반면에 펀드로 대표되는 간접투자는 투자신탁회사나 자산운용회사[*]가 은행이나 증권회사를 통해서 일반인으로부터 자금을 모아 목돈을 만든 뒤, 주식이나 채권 등에 투자하고 여기서 발생하는 수익을 투자비율에 따라 배분하는 것이다.

이러한 간접투자의 등장은 우리 주변에서 흔히 볼 수 있는 전문화 추세의 하나로 볼 수 있다. 우리의 생활 주변에서 자기가 직접 할 수 있는 일들이 얼마나 되는가? 양복을 세탁하려면 세탁소를 가야 하고, 중국음식을 먹기 위해서는 중국집을 가야 하며, 가전제품이 고장 나면 서비스센터를 찾는다. 물론 직접 처리할 수도 있지만 시간과 비용이 많이 들고 제대로 할 수 없기 때문에 전문가에게 맡긴다. 즉 그 시간에 자신의 가장 잘 할 수 있는 일에 집중하는 것이 개인이나 사회 모두에 이익이 되는 것이다.

주식투자도 마찬가지로, 직접투자를 위해서는 주가와 밀접한 상관관계가 있는 환율, 금리, 유가 등의 경제변수와 각종 경제지표를 모으고 분석하는 일이 필요하다. 그러나 개인이 자신의 일을 하면서 이런 정보나 자료를 구하는 것도 어렵고, 분석은 더욱 어렵다. 따라서 나를 대신하여 투자를 해줄 전문가에게 맡기고 자신의 본업에 집중하는 것이 훨씬 효율적일 수 있다. 즉 투자전문가인 펀드매니저*가 운용경험과 정보력, 그리고 분석력을 총동원해 투자를 대행하므로 투자에 신경 쓸 일이 별로 없다는 장점이 있다.

간접투자는 적은 돈으로도 투자가 가능하다. 투자하려고 해도 돈이 없어서 못한다고 불평하는 사람들을 주위에서 많이 볼 수 있다. 정말 목돈이 없으면 투자할 수 없을까? 정답은 '그렇지 않다' 다. 펀드의 종류에 따라 차이가 있겠지만, 원칙적으로는 몇 만 원만 있어도 펀드를 통한 투자가 가능하다. 간접투자는 수많은 개개인으로부터 소액의 자금을 모아서 펀드 형태로 운용하기 때문에 개인의 소액 자금으로는 어림도 없었던 고가의 주식도 투자할 수 있게 해준다. 예를 들어 삼성전자 주식 1주만 사려 해도 최소 50만 원 이상의 돈이 필요하지만, 삼성전자 주식에 주로 투자하는 주식형 펀드에 가입하는 데는 몇 만 원이면 가능하고 그렇게 함으로써 삼성전자 주식을 산 효과를 거둘 수 있다.

또한 펀드를 통한 간접투자는 소액의 자금으로는 어림도 없었던 수십 종목의 주식과 채권에 대한 분산투자*가 가능하다. 그에 따라 투자위험도 줄일 수 있다. 주식투자를 전혀 하지 않는 사람일지라도 '계란은 한 바구니에 담지 마라' 는 투자격언은 들어보았을 것이다. 이 격언은 한 종목에 투자할 경우 예기치 못한 사건으로 투자종목의 주가가 크게 하락했을 때 투자자금 전액을 잃게 될 수도 있음을 비유하는 말이다.

펀드는 펀드운용에 대한 법규나 펀드운용회사의 내부지침 등을 통해 한 종목에 투자할 수 있는 자산의 규모가 펀드자산의 10% 이내로 제한된다. 따라서 펀드에 투자하면 자연히 분산투자의 효과를 볼 수 있다. 즉 한 펀드는 최소 10개 종목에 분산투자하게 된다. 이 경우 한두 종목에서 손해를 보더라도 나머지 종목에서 수익이 나면 그 손해를 상쇄할 수 있기 때문에 전체 투자손실을 줄일 수 있다.

또한 펀드운용자들은 선물, 옵션 등 파생 금융상품에 관해 일반 투자자가 이해하기 힘든 전문적인 투자기법과 위험관리기법 등을 갖추고 있어, 직접투자보다 투자위험이 작다고 할 수 있다.

02

성공적인 간접투자는 4단계로 진행된다

성공적인 펀드투자 과정은 4단계로 나눌 수 있다. 제1단계는 투자 목적별 소요자금, 투자 기간, 최소 목표수익률, 위험부담 수준 등을 결정하는 투자계획단계다. 투자는 계획을 수립하는 단계에서 승패가 갈린다고 볼 수 있기 때문에 무작정 펀드를 고르기보다는 우선 투자 목적을 분석하는 일부터 해야 한다. 은퇴 후 생활자금, 자녀의 교육자금 또는 결혼자금, 주택마련자금 등과 같이 투자 목적을 자연스럽게 정하면 투자 기간, 최소 목표수익률, 부담할 위험 수준 등을 정할 수 있다.

투자자는 투자를 시작하기 전에 투자의 목적을 명확히 세우고 출발해야 한다. 투자하는 목적이 분명할 때 투자성향이 결정되고 이에 맞는 상품을 선택하는 기준도 세울 수 있다.

기본적으로 투자의 위험과 수익은 비례관계를 갖는다. 즉 위험을 낮추면 수익률이 낮아지고, 수익률을 높이면 위험도 커진다. 투자성향에 따라 투자자는 공격적 투자자, 보수적 투자자 그리고 중립적 투자자로 분류된다.

위험을 감수하며 높은 수익을 내고자 하는 공격적 투자자는 주식 투자 비율이 높은 펀드에 투자해서 고수익을 추구한다. 물론 이보다 더 공격적인 투자를 하고 싶은 경우에는 선물·옵션에 직접 투자하거나 이들이 포함된 상품에 투자할 수 있다.

반면, 최소한 원금보장을 원하는 보수적 성향의 투자자는 수익이 상대적으로 낮지만 안정적인 채권형 상품이나 원금보장형 상품이 적합하다. 최근 원금을 보장하면서 고수익을 추구할 수 있어 일반인들에게 인기가 있는 주가연계증권도 좋은 대안이다.

또한 위험은 어느 정도 감수하면서 은행금리 이상의 수익을 추구하는 투자자들에게는 혼합형 펀드*나 전환형 펀드* 상품이 적합하다. 전환형 펀드는 가입 초기에 주식에 집중 투자해 수익을 낸 뒤, 목표수익률에 도달하면 주식을 팔고 채권형 상품으로 바뀌는 펀드를 말한다. 결과적으로 목표로 삼은 주식투자수익률에 채권투자수익까지 덤으로 얻을 수 있다는 장점이 있다. 전환형 펀드는 주식으로 벌어들인 수익을 하락장에서도 지킬 수 있기 때문에 시장의 불확실성이 높은 경우 특히 유용하다.

자신의 투자성향과 함께 투자 목적과 기간도 고려해야 한다. 예를 들어, 1년 뒤에 부채를 상환할 목적으로 투자하는 경우나 만기 용도가 정해진 경우라면, 높은 수익을 추구하기보다 우선 만기에 맞게 원금을 보존할 수 있는 투자상품을 선택하는 것이 좋다. 반면 노후대비 자금을 마련하겠다는 계획으로 10년 이상 장기적으로 여유자금을 투자하는 경우라면 장기수익추구형 상품을 선택해서 높은 수익을 추구하는 것이 좋다.

일반적으로 투자자의 연령대에 따라 필요한 자금 규모와 성격이 달라지기 때문에 투자도 자신의 인생계획에 맞게 이루어져야 한다. 이제 막 사회생활을 시작한 20대라면 결혼 준비 등 목돈이 필요한 시기인 만큼 종자돈을 마련하는 데 주력해야 할 것이다. 이때는 월 소득의 일정액을 적금처럼 투자하는 적립식펀드가 안성맞춤이다. 30대라면 대부분 내집마련과 자녀교육에 투자의 초점을 맞추게 된다. 이때 주택마련을 위한 청약저축이나 부금과 함께 장기주택마련펀드에 가입하는 것이 좋다.

40대는 사회활동이 가장 왕성하고 금전적으로 수입과 지출이 늘어나는 시기다. 이때에는 자녀 학자금과 결혼자금, 그리고 노후를 대비한 생활자금을 마련해야 하는 만큼 너무 공격적인 투자보다는 적당한 수준에서 위험을 부담하고 안정적인 수익을 제공해 주는 혼합형 펀드나 전환형 펀드가 고려해 볼 만하다. 50대 이상은 은퇴를 앞둔 경우가 많고 미래 소득이 줄 것이므로 투자 목적을 안정성 유지에 두는 것이 바람직하다. 주식형보다는 안전한 국공채에 투자하는 채권형 펀드*나 은행금리보다 약간 높은 수익을 추구하는 원금보존추구형 펀드가 적합할 것이다. 또한 노후에는 질병이나 사고 등 현금이 필요한 경우가 많기 때문에 투자상품의 만기를 다양화하여 만약의 경우에 대비할 필요도 있다. 이를 위해서 최소 6개월 정도의 생활비는 즉시 현금화가 가능한 MMF에 투자하는 것도 고려해 볼 만하다.

투자시 한 가지 더 고려할 점은 투자자 스스로 투자할 수 있는 자산 규모를 생각해야 한다는 것이다. 예컨대 연봉이 2,000만 원인 투자자와 1억 원의 연봉을 받는 투자자가 가입하는 펀드는 달라야 한다. 연봉이 1억 원이 넘는 투자자는 생활을 하고 남는 여유자산의 일부를 투자할 수 있으므로 위험이 높은 상품에 투자할 수 있지만, 여유자금이 부족한 투자자는 어느 정도 일정한 크기의 종자돈이 마련될 때까지 위험상품에 가입하지 않는 것이 바람직하다.

2단계는 주식, 채권, 부동산 등의 자산에 대한 구체적인 자산구성 비율을 정하는 단계다. 자산구성 비율을 정하기 위해서는 장기적인 수익률 예측이 수반되어야 하므로 상당한 전문성이 요구된다. 따라서 펀드를 판매하는 증권회사, 은행 등의 전문가들과 자세한 상담을 나누는 것이 바람직하다.

3단계는 주식, 채권 등 자산별로 가장 적합한 상품유형을 정하는 단계다. 투자를 목적으로 하는 경우라면 주식투자 비중이 높은 펀드를 선택하고, 주식편입 비율이 낮은 혼합형이나 차익거래 등 특수한 유형의 상품을 선택하지 않는 것이 효과적이다.

마지막 단계는 각 펀드 유형 내에서 가장 적합한 펀드상품을 선택하는 일이다. 과거 수익률보다는 운용 스타일을 꼼꼼하게 비교한 후 투자하는 것이 바람직하다. 단기적인 수익률만 보고 펀드를 선택하는 경향이 많은데, 장래 수익률은 미래에 발생할 사건에 의해 결정되기 때문에 미리 예측할 수도 없고, 과거 수익률이 높았던 펀드라도 시장의 상황에 따라 수익률이 악화될 수 있기 때문이다.

03

목돈 만들기에는 적립식펀드가 최고

적립식펀드는 매월 일정한 돈을 납입하고, 그 돈을 주식이나 채권 등에 분산투자하는 상품이다. 푼돈을 모아 목돈을 만들 수 있고 시기적으로 분산투자를 하기 때문에 시장변동에 따른 위험을 줄일 수 있다.

현재와 같은 저금리 시대에 은행상품에 돈을 예치하는 것은 단지 은행의 보관기능 역할만 이용하는 것이다. 그리고 은행의 예금보호 기능에는 한계가 있으므로 이러한 투자방식으로는 재산을 증식하기 힘들다. 대신, 저평가된 우량기업 주식이나 다양한 복합금융상품 등에 투자함으로써 투자수익을 올릴 수 있다. 직접투자에는 위험이 따르고 상품의 수익구조도 복잡하므로 적립식펀드 같이 간접투자방식을 이용하는 것이 좋다. 일반인들은 적립식펀드를 '인덱스펀드(index fund)*’나 ‘선박투자펀드*’처럼 별도의 상품으로 잘못 알고 있는 경우가 많다. 그러나 적립식펀드는 별도 상품이 아니다. 즉 펀드에 몽땅 일시불로 투자하는 것이 아니라, 일정 기간 동안 펀드에 일정액을 꾸준히 불입하는 상품을 포괄적으로 지칭하는 말이다.

펀드투자는 3년 이상 장기간을 계획하고 시작하는 것이 좋다. 좋은 상품에 투자한다면 단기투자에서 경험할 수 없는 큰 수익을 얻을 수도 있기 때문이다. 물론 수익률이 좋은 펀드라 하더라도 시장상황에 따라 단기적으로는 원본손실이 발생해 마이너스 수익을 낼 수도 있다. 그러나 이러한 침체기에 오히려 저가로 많은 주식을 매입하면, 결과적으로 몇 년 뒤에는 큰 수익을 창출할 수 있다. 단기간 내에 반드시 사용해야 할 돈으로 투자를 한다면, 투자자금 회수 시점에 주가하락이 이어졌을 때 마이너스 상태에서 투자자금을 회수해야 하므로 손해를 볼 수 있다. 따라서 투자는 단기보다 장기투자가 이익을 거둘 수 있는 확률이 높다.

적립식펀드의 가장 큰 장점은 적은 푼돈을 모아 목돈을 만들 수 있고, 시간적으로 분산투자가 가능하다는 점이다. 일반 주식형 펀드*는 펀드에 언제 가입하느냐가 수익률에 결정적인 영향을 미친다. 하지만 주가의 상승기와 하락기를 정확하게 예측한다는 것은 거의 불가능하다.

적립식펀드는 여러 시점에 걸쳐서 분산투자하는 것이기 때문에 이처럼 잘못된 시기에 투자하는 것을 방지할 수 있다. 예컨대 매월 10만 원씩 펀드에 적립한다고 가정하자. 이 펀드는 매달 특정 우량주를 주가의 상승 또는 하락에 상관없이 이 금액으로 사들인다. 주가상승기에는 주식을 적게 사게 되고, 하락 시기에는 더 많은 주식을 사게 된다. 이렇게 산 주식들이 누적되어 주가가 상승하면 누적된 주식에서 수익이 발생된다. 이를 코스트 에버리징(cost averaging) 효과*라고 한다. 즉 여러 시기에 나누어 주식을 매입함으로써 매입단가를 평준화하는 것이다.

적립식펀드를 선택하는 기준

증권회사나 은행 등에서 판매하는 많은 펀드 중에서 어떤 펀드를 선택하면 좋을지 전문가들이 제시하는 펀드선택 기준을 알아보자.

우선 투자에 따른 위험이 어느 정도 있는 주식형 펀드가 적합하다. 예컨대 자금을 모두 채권에 운용하는 펀드는 안정성이 있을지 모르지만 높은 수익률은 기대할 수 없다. 적립 기간이 장기인 경우, 시간적 분산투자가 이루어지므로 어느 정도 손실위험을 관리할 수 있기 때문에 안정성보다는 수익성을 고려한 펀드상품을 선택하는 것이 좋다.

다음으로는 운용전략을 잘 준수하고 장기간 운용된 펀드를 고르는 것이 좋다. 운용을 잘하고 있는지에 대한 검증은 펀드 수익률을 기준으로 삼기보다 운용전략을 준수했는지 위주로 판단해야 한다. 수익률은 주가나 금리에 따라 수시로 변동할 수 있기 때문이다. 펀드매니저가 운용전략을 자의적으로 해석·운영하지 않고 규정대로 운용하여 위험관리가 잘 이루어진 펀드가 좋다. 또한 펀드가 장기적으로 운용되어 어느 정도 검증된 펀드인지도 고려해야 한다. 왜냐하면 새롭게 판매된 펀드는 시대의 흐름에 부합하는 상품일 수 있지만, 수명이

짧아 중도에 해지해야 하는 경우도 생길 수 있기 때문이다.

　적립식펀드투자는 장기로 운용되기 때문에 운용 및 판매 보수 등의 비용을 잘 따져봐야 한다. 특히 수수료를 지불하는 방식이 자산 규모를 기준으로 하는지 이익을 기준으로 하는지를 살펴보아야 한다. 펀드의 수익은 불확실하지만 수수료는 확실한 비용이므로 수수료에 대한 차이를 신중하게 고려해야 한다. 적은 수수료일지라도 적립식투자는 장기투자하는 것이기 때문에 매년 수수료를 지불할 경우 장기간 누적된 수수료 비용이 커질 수 있다. 예를 들어 두 개 펀드의 수수료가 매년 1% 차이가 난다면 5년 동안 5%의 차이가 생기는 것이다.

　또 가입할 때 먼저 수수료를 한 차례 지불하는 경우(선취수수료)와 매년 수수료를 지불하는 방식을 비교해 볼 필요가 있다. 장기투자에서는 매년 수수료를 지불하는 것보다 선취수수료가 더 유리할 수 있다.

　마지막으로 운용사가 안정적이고 규모가 큰 펀드가 좋다. 적립식펀드는 일반적으로 장기투자해야 하므로 중간에 운용회사가 없어지면 곤란하다. 안정적이지 못한 운용회사는 M&A 등으로 위치가 크게 변할 수 있으며, 펀드운용 규모가 작으면 투자 중간에 해지될 수도 있다. 펀드매니저가 자주 변경되는 것도 펀드운용에 좋지 않은 영향을 준다. 따라서 안정된 운용사와 규모가 큰 펀드를 선택해야 한다.

04

상승장에서는 인덱스펀드로 갈아타라

인덱스펀드란 증권시장의 장기적인 성장을 전제로 하여 주가지수*의 움직임에 따라 운영되도록 만들어진 펀드다. 즉 주식시장 전체 또는 특정지수가 상승할 것으로 기대하고 이 지수를 추적(tracking)하는 포트폴리오로 구성된 펀드를 지칭한다. 주식시장 분위기가 전체적으로 상승장이 예상될 경우, 투자자는 직접 개별 주식종목에 투자할 수도 있다. 그러나 개인투자자는 종목선택의 문제, 매도·매수 시기선택 문제, 증권시장의 정보 등에서 전문적인 기관투자가에 비해 불리하다. 이 경우 개인투자자는 간접투자 방식 가운데 하나인 펀드를 선택할 수 있다.

펀드는 운용 성격에 따라 크게 액티브펀드(active fund)*와 패시브펀드(passive fund)*로 나뉜다.

액티브펀드는 펀드매니저가 시장의 상황에 따라 적극적으로 주식을 매매하거나 투자종목을 바꾸는 펀드를 말한다. 저평가된 종목을 골라 상승장에서는 주식을 매수하여 수익을 늘리고, 반대로 하락장에서는 주식을 매도하여 주가하락으로 인한 손실을 줄이는 펀드를 말한다. 즉 액티브펀드는 주가가 상승할 때 더 높은 수익을 올리고, 주가하락시에는 손해를 줄이는 방법으로 운용된다.

반면 패시브펀드는 펀드매니저가 적극적으로 종목을 선정하거나 주식매매를 하지 않고 주가지수와 동일하게 움직이는 펀드를 말한다.

패시브펀드의 하나인 인덱스펀드투자의 장점에 대해 알아보자. 첫째, 개별 종목 투자에 비해 분산투자 효과가 있다. 한 가지 주식 종목에 투자할 경우, 큰 수익이 날 수도 있지만 자칫 큰 손실을 볼 수도 있다. 예컨대 전체적으로는 상승장인데도 불구하고 개별 종목의 경우 해당 회사의 부도나 파업 등 불리한 상황에 처했을 때 주가가 하락할 수 있기 때문이다. 다수 종목으로 구성된 포트폴리오는 수익률이 조금 떨어질 수 있지만, 위험분산 효과로 개별 종목보다 위험을 더 감소시킬 수 있다. 예를 들어 여름철에 우산을 만드는 회사와 얼음을 만드는 회사는 날씨에 따라 상반된 실적이 나올 수 있다. 이런 경우 한 회사에 투자하는 것보다 두 회사에 적절히 투자하는 것이 위험을 줄일 수 있다.

둘째, 인덱스투자는 개별 주식보다 향후 주가예측이 쉽다. 개별 주식에 투자할 경우, 그 주식에 영향을 주는 요소는 회사의 실적, 최고 경영자의 건강, 근로자의 파업 등 실로 다양하다. 이러한 정보들은 회사의 내부자가 아니라면 제때에 알기도 어렵고, 정확한 정보를 얻는 것은 더더욱 어렵다. 주가지수에 대한 향후 예측은 국가경제 전체의 전망에 기초하므로 투자자가 개별 주식 정보보다 쉽게 얻을 수 있다. 즉 개별 종목에 대한 예측보다 지수에 대한 예측이 쉽다는 얘기다.

셋째, 인덱스펀드는 투명성이 보장된다. 보통의 주식관련 펀드는 크게 성장형, 안정형으로 구분되어 각각의 펀드 특성에 따라 운용된다. 그러나 이들 펀드의 구성내역은 펀드매니저를 제외하고는 다른 투자자들이 정확하게 알 수 없다. 반면에 인덱스펀드는 지수를 추적하기 때문에 그 펀드의 구성내역이 공개되는 효과가 있다. 정보공개는 펀드상품에 대한 특별한 설명 없이도 투자자들이 이해하기 쉽고, 또한 투자한 후에도 자신이 투자한 펀드의 구성내역을 명확히 알 수 있어 투자자들에게 신뢰를 주는 효과가 있다.

인덱스를 추적하는 주식 포트폴리오는 수수료가 다른 주식형 펀드보다 싼 편이다. 그 이유는 인덱스펀드의 경우 단순한 지수 추적을 할 최소 인원만 필요하여 일반 펀드에 비해 필요 인원이 적어 인건비가 상대적으로 적게 들기 때문이다. 또한 보통의 주식형 펀드는 이익을 내기 위해 펀드 구성종목을 자주 변경하거나 매도 또는 매수를 반복하는데, 여기에 들어가는 각종 수수료와 세금 등 거래비용도 무시할 수 없다. 그러나 인덱스펀드는 지수구성종목이 변동되지 않는 한 그대로 구성종목을 유지하기 때문에 거래비용이 낮아 수익률 측면에서 유리하다.

05

펀드는 가입 후 관리가 중요하다

아무리 좋은 펀드에 가입했다 하더라도 가입 이후 관심을 갖지 않으면 중간에 손실이 발생할 수도 있다. 모든 투자의 결과는 결국 투자자 자신의 몫이다. 따라서 전문가에게 맡겨두었더라도 자신의 재산을 관리하는 일을 게을리해서는 안 된다.

그렇다면 펀드 가입 후 주의사항에 대해 알아보자.

첫째, 펀드가 꾸준히 수익을 내고 있는지 확인해야 한다. 펀드투자자는 펀드판매회사를 통해 펀드운용 성과와 포트폴리오 현황자료를 받아볼 수 있다. 펀드에 편입된 주식이나 채권 중 부실한 것이 있는지 정기적으로 알아보고, 펀드수익률이 시장수익률을 밑돌 경우 이것이 일시적인 현상인지 또는 지속적인 것인지 꼭 물어봐야 한다.

둘째, 펀드운용자의 능력에 따라 종목 발굴 능력에 차이가 있고 결과적으로 수익률 차이가 크기 때문에 펀드운용자의 이름과 과거 운용경험, 수익률 등을 확인하는 것이 좋다. 간혹 펀드운용자가 교체되는 경우가 있는데, 혹시 자신이 가입한 펀드의 운용자가 중간에 교체되었는지 여부도 관심을 가져야 한다.

셋째, 펀드수익률이 장기간 저조하게 나타난다면 펀드에 들어 있는 포트폴리오 변화에 관심을 가져야 한다. 펀드판매회사가 가입자에게 정기적으로 보내주는 펀드운용보고서를 보면 펀드에서 보유하고 있는 주요 종목들이 나오므로, 혹시 가입한 펀드에 부실채권이나 주식이 편입되지는 않았는지 확인해 볼 필요가 있다. 또한 포트폴리오의 잦은 교체는 거래비용을 상승시켜 펀드수익률에 부정적인 영향을 미치므로 잦은 매매나 종목교체가 발생하지 않는지도 살펴보는 것이 좋다.

넷째, 단기투자펀드에 가입하고 있다면 시장상황의 변화에 관심을 기울여야 한다. 장기투자의 경우라면 시장상황에 민감하게 반응할 필요가 없지만, 투자 기간이 1년 이내인 단기투자라면 주가가 계속 하락할 경우 손실이 커질 수밖에 없기 때문에 시장상황을 관찰하면서 능동적으로 대처하는 것이 좋다. 이처럼 펀드관리를 위해서는 펀드에 대한 정보를 얻는 것이 필요한데, 신문이나 펀드평가회사의 홈페이지, 자산운용협회의 인터넷사이트 등을 이용하면 펀드관리에 필요한 정보를 쉽게 얻을 수 있다.

매주 월요일자 신문의 경제란을 보면 한 주 동안의 펀드시장 동향과 펀드수익률 정보가 게재된다. 특히 경제지의 경우 펀드 종류별(주식형, 채권형, 혼합형)로 수익률 상위 펀드를 소개하고 있다. 그리고 매분기 첫 달에는 분기 수익률(1월, 4월, 7월, 10월)과 반기 수익률(7월, 1월) 그리고 1년 수익률(1월)정보가 제공된다.

또한 펀드평가회사의 인터넷 홈페이지에는 펀드별 수익률 정보는 물론, 신규 상품과 펀드상담 코너까지 마련되어 있어 펀드에 관심이 있는 투자자라면 꼭 방문하는 것이 좋다. 국내에는 제로인(www.zeroin.co.kr), 한국펀드평가(www.kfr.co.kr), 모닝스타코리아(www.morningstar.co.kr) 등 3곳의 평가회사가 있다. 이와 함께 자산운용협회(www.amak.or.kr)의 인터넷사이트에서도 운용사별 펀드운용, 규모, 현황 등을 제공한다.

일본 사와카미펀드의 교훈

일본에서는 소형 투신사인 사와카미투신의 적립식펀드가 화제다. 이 투신사의 사장 사와카미 아츠토(澤上篤人) 씨는 미국과 유럽에서 34년 동안 펀드매니저로 일한 뒤 일본으로 돌아와 간접투자 전도사로 활동하고 있다.

먼저 2. 3. 5의 법칙과 농경식 투자원칙으로 요약되는 사와카미 씨의 투자관에 대해 살펴보자. 2. 3. 5의 법칙이란 주식 분석에 필요한 정력을 10이라고 할 때 해당 종목의 분석에 2를, 그 종목에 속해 있는 산업의 흐름을 분석하는 데 3을, 그리고 나머지 5는 전반적인 경제 흐름을 파악하는 데 사용하라는 뜻이다. 다시 말해, 경제 전반의 흐름을 파악해 주식을 사야 할 때인지 팔아야 할 때인지 파악한 후, 사야 할 때라고 판단되면 어느 업종이 가장 성장성과 수익성이 뛰어난지 살피고서 투자할 종목을 선택해야 손실을 줄이고 안정적인 수익을 얻을 수 있다는 뜻이다.

농경식 투자란 주식투자를 농사짓듯 서두르지 말고 추수를 기다리는 농부처럼 천천히 결실을 기다린다는 의미다. 즉 씨 뿌리는 정성으로 좋은 주식을 발굴하고, 급변하는 시장환경에 좌우되지 않도록 투자원칙을 지켜, 때가 무르익었을 때 높은 수익을 거두자는 의미다.

사와카미펀드는 일본 적립식펀드의 성공신화가 되었다. 1999년 8월 487명의 고객이 163억 원을 투자하면서 시작된 이 펀드는 2004년 현재 고객 수가 4만 4,000명으로 늘고 운용자산도 7,800억 원으로 커졌다. 현재 이 펀드에 가입한 고객 가운데 60% 이상은 매달 은행이나 우체국을 통해 펀드에 자금을 이체한다. 이 펀드 고객의 80% 이상은 노후 대비를 준비하는 30~40대 샐러리맨들이다. 이 투신사의 장기투자 원칙은 철저하다. 펀드가 유명세를 타면서 연기금들이 거액의 별도 펀드 설정을 요청했지만 1~2년으로 운용실적을 평가하는 것은 자사의 취지에 맞지 않는다 하여 거절했다. 또 일본이 망해도 살아날 기업만을 대상으로 장기 가치투자를 실천한다는 원칙도 고수했다.

사와카미펀드가 나오기 전만 해도 이 회사는 그야말로 무명투신사였다. 펀드 수탁고 기준으로 일본 투신운용사 67사 중 46위에 불과했고, 회사 위치도 일본 증권 중심가인 가부토초나 가야바초에서 지하철로 20~30분 떨어져 있다. 직원 수는 30명 남짓에 불과하고, 사무실 안에는 흔한 시세판 하나 걸려 있지 않다. 사와카미펀드가 유명해졌지만 지금도 펀드매니저는 사와카미 사장 한 명뿐이다. 영업조직은 물론 펀드를 팔기 위한 판촉활동도 일체 없다.

이 펀드의 지난 5년 간 누적 수익률은 30%, 연평균 수익률은 6% 정도다. 일본 증시가 같은 기간 25% 하락한 것과 비교하면 그야말로 눈부신 성과다.

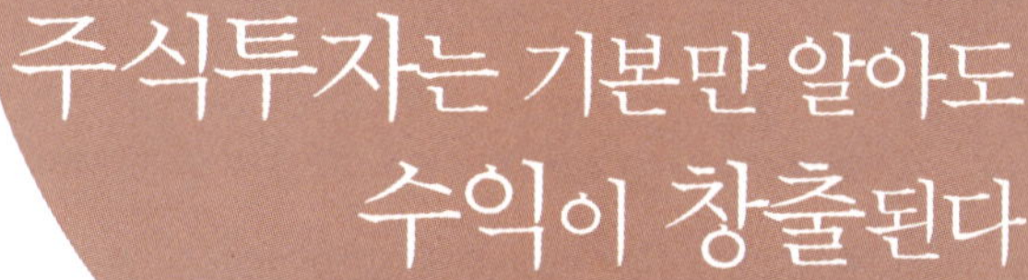

주식투자는 기본만 알아도 수익이 창출된다

01

주가는 살아 움직인다

새로 기업을 설립하거나 기업을 운영하는 데에는 대규모 자금이 필요하다. 대규모 자금을 몇몇 개인의 투자나 은행 차입으로 조달하는 데에는 한계가 있다. 그래서 기업이 필요로 하는 대규모 자금을 다수의 투자자로부터 나누어 조달받을 수 있는 주식회사와 주식이라는 제도가 탄생하게 되었다.

주식회사는 기업운영에 필요한 자금(자본금)을 1주의 액면금액 단위로 나누어 주식을 발행한다. 보통 주식의 액면금액은 100원, 200원, 500원, 1,000원, 2,500원, 5,000원이다. 한편 액면금액과 시장에서 거래되는 주식가격 사이에는 많은 차이가 있다. 이것은 회사의 가치가 액면가보다 높으면 가격이 오르고, 그보다 낮으면 가격이 내려간 결과다. 즉 액면가* 5,000원짜리 주식의 경우, 기업실적이 좋지 않고 앞으로의 전망도 부정적이라면 5,000원에 훨씬 못 미치는 가격으로도 거래될 수 있다. 반면 실적도 아주 좋고 향후 성장성도 뛰어나다고 평가받는 기업의 주가는 10만 원을 훨씬 넘을 수도 있다.

그러면 주가가 어떤 요인에 의해 결정되는지 알아보자. 주가 역시 다른 재화가격과 마찬가지로 수요와 공급에 따라 결정된다. 즉 수요가 많아야 주가가 오른다. 매수하려는 세력이 많아야 높은 가격에 사려는 사람들이 계속 등장하게 되어 가격이 계속 오르는 것이다. 반대로 공급이 많으면 주가가 떨어진다. 팔려는 사람이 늘면 싸게라도 빨리 처분하려고 경쟁하기 때문이다. 가격은 수요와 공급이 일치하는 수준에서 형성된다.

그렇다면 주식의 수요와 공급을 결정하는 요인은 무엇일까? 동일한 주식에 대하여 왜 어떤 이는 사려고 하고 어떤 이는 팔려고 할까? 이는 미래에 대한 판단이 다르기 때문일 것이다. 예를 들어 주가가 어느 정도 오르면 일반인들은 주가에 대한 경계심이 생기고, 반대로 주가가 떨어지면 싸다는 느낌을 갖는다. 이처럼 주가에 대한 가치판단의 기준을 변화시키는 요인들이 주가에 영향을 준다. 따라서 주가는 경제, 사회, 정치, 문화 등 주가의 수급변화 요인에 따라 살아 움직인다.

투자자들의 투자판단에 중요한 영향을 주는 요인으로는 일반적으로 투자 대상 주식에 대한 향후 주가전망, 투자자별 특성, 증권시장의 내·외적 변수, 경제적 요인 등을 들 수 있다.

먼저 투자 대상 주식의 향후 주가전망은 투자판단에 가장 큰 영향을 미치는 요인으로 특정 주식의 가치에 대한 투자자 예상이라고 할

수 있다. 투자자는 대상 주식의 배당 능력, 이익창출 능력 등 수익가
치 및 자산가치와 주가하락 위험 등을 종합적으로 평가해서 기업의
내재가치(intrinsic value)*를 파악한다. 내재가치는 보통 기업의 재무
제표*상의 수치를 이용한 성장성, 수익성, 안정성, 활동성 분석을 통
해 이루어진다. 성장성은 기업의 외형과 수익성이 얼마나 커지고 있
는가를, 수익성은 기업경영이 전체적으로 얼마나 효율적으로 이루
어지고 있는가를, 안정성은 경기변동이나 기업 환경변화 등 기업 외
부 여건에 얼마나 잘 대응할 수 있는가를, 활동성은 기업의 자본이
얼마나 활발하게 운용되고 있는가를 각각 나타낸다.

또 투자자의 위험에 대한 태도, 소득 수준, 재산상태 등 투자자의
특성도 주식가격에 영향을 미친다. 예를 들어 대부분의 투자자들이
위험회피 성향이 강해서 안전투자를 선호한다면, 주가변동성이 큰
고수익 · 고위험 주식들의 수요가 위축되고 주가도 약세를 보일 가
능성이 높다.

증권시장의 내부 요인도 중요한 영향 요인이다. 주가는 증권시장
의 수급상황, 기관투자자의 투자기조, 시장 참가자들의 투자심리 등
시장의 내부 요인에도 영향을 받는다. 예컨대 일시적으로 기업공개
또는 증자가 집중되어 주식의 공급물량이 과다해지면 주가가 약세
를 보일 것이며, 그 반대의 경우에는 강세를 보일 것이다. 주가는 증
권시장의 수급 안전판 역할을 담당하는 기관투자자의 투자 기조에
의해 큰 영향을 받기도 한다. 현재 시장상황에 대한 투자자들의 인
식, 기타 증시의 제도적 요인 등에 의해서도 주가가 영향을 받는다.

경기변동, 금리, 환율 등 주식시장 외적 요인들도 주가에 많은 영

향을 준다. 주요 경제변수들과 주가와의 관계를 이해하면 향후 주가의 방향성을 파악하는 데 유용하다.

경기변동과 주가는 동행한다

경기는 국민경제 전체의 활동 수준을 말한다. 따라서 경기가 상승하면 주가가 오르고, 경기가 하락하면 주가도 하락한다. 즉 경기 사이클상 회복기나 활황기에는 주가가 올라가고, 후퇴기나 침체기에는 주가가 떨어진다. 주가는 경기에 선행한다고 알려져 있다. 따라서 한국은행이 발표하는 경기예측지표인 경기선행지수 움직임을 살펴보면 주가를 어느 정도 예측할 수 있다.

미국의 경기도 우리나라 주가에 영향을 미친다. 세계 주요국의 경제동향이 모두 영향을 미치겠지만, 전세계 GDP의 18%를 차지하는 미국의 경제동향은 우리 경제와 밀접한 관계가 있다. 특히 미국 다우존스지수*와 나스닥종합지수 동향은 우리 증시에 많은 영향을 미친다.

경제성장률과 주가는 동행한다

경제성장률은 국민총생산 증가율로 측정된다. 여기서 말하는 경제성장률은 단순 경제성장률이 아니라 물가상승률을 뺀 실질 경제성장률을 의미한다. 경제성장률이 높다는 것은 경제 규모가 확대되고 기업의 매출과 이익이 증가하는 것을 의미한다. 즉 기업의 가치가 높아지면 주가도 올라간다.

금리는 주가와 반대 방향으로 움직인다

금리는 기업 입장에서 비용이다. 따라서 금리가 오르면 금융비용이 증가해 재무구조를 악화시키고 수익성이 떨어진다. 따라서 기업가치가 낮아지고 주가도 떨어지게 된다.

한편 투자자 입장에서 볼 때, 금리가 높으면 은행이자로 만족할 수 있어 굳이 위험을 부담하면서까지 주식투자를 할 이유가 없으므로 주가에 부정적인 영향을 미친다.

환율은 주가하락 또는 상승 요인이 될 수 있다

우리 경제는 GDP의 약 70%를 수출에 의존할 정도로 대외 의존도가 높다. 따라서 원/미달러 환율 변동은 우리 경제에 커다란 영향을 미친다.

원/미달러 환율이 떨어지면 수출기업에 불리해진다. 예를 들어, 달러당 환율이 1,200원일 때 수출업자가 1억 달러의 물건을 수출하면 1,200억 원이 들어오지만, 원/달러 환율이 1,100원으로 떨어지면 1,100억 원밖에 들어오지 않아 불리하다. 따라서 환율하락시 수출기업의 주가는 하락하게 된다. 반대로 원자재를 수입하는 기업의 입장에서는 환율하락이 주가에 호재로 작용한다.

한편 환율은 외국인 투자자금의 유입에도 큰 영향을 미친다. 주식투자에서 수익이 나더라도 환율이 상승해서 손해가 더 크면 외국인 자금의 투자수익은 마이너스가 되기 때문이다. 반대로 환율이 떨어지면 외국인 투자자금에 유리해지기 때문에 해외자금 유입이 늘어 주가가 올라간다.

<table>
<tr><th colspan="3" style="text-align:center">주가와 주요 경제 요인과의 관계</th></tr>
<tr><th>경제 요인</th><th>동향</th><th>예상 주가동향</th></tr>
<tr><td>경기</td><td>좋아진다
나빠진다</td><td>↑
↓</td></tr>
<tr><td>경제성장률</td><td>높아진다
낮아진다</td><td>↑
↓</td></tr>
<tr><td>금리</td><td>올라간다
내려간다</td><td>↓
↑</td></tr>
<tr><td>환율</td><td>올라간다
내려간다</td><td>↘
↖</td></tr>
<tr><td>국제유가 및 원자재 가격</td><td>상승한다
하락한다</td><td>↓
↑</td></tr>
</table>

국제유가와 원자재 가격이 오르면 주가가 떨어진다

국제유가가 상승하면 국제수지와 물가에 부담이 되어 주가가 떨어진다. 또한 원자재수입 의존도가 높은 국내 기업에 국제 원자재의 가격상승은 기업의 생산원가 상승을 의미하여 주가하락 요인으로 작용한다.

02

의외로 단순한 주식매매

일반적으로 투자자는 증권회사를 통해 주식을 매매하는데, 이러한 주식매매는 계좌개설, 주문, 체결, 결제의 4단계를 거친다. 우선 투자자가 주식매매를 하려면 증권회사에 증권계좌를 개설해야 한다. 계좌개설은 신분증, 인감(서명), 현금·주식을 지참하고 증권회사를 방문해서 계좌등록신청서를 작성·제출하면 바로 증권카드가 발급된다. 이때 온라인거래 신청서도 함께 제출하면 인터넷을 통해 쉽게 매매거래를 할 수 있다. 한편 주식매매에 필요한 자금을 은행계좌에서 직접 이체를 원하는 경우, 은행통장을 갖고 증권사를 직접 방문하여 이체통장으로 등록하면 된다.

다음으로, 투자를 원하는 종목을 정해서 증권회사에 주문을 제출한다. 주문은 증권회사 영업점을 직접 방문하거나 증권회사에 전화를 걸어 주문할 수 있고, 인터넷·PDA·ARS 등 전자주문 매체를 이용할 수도 있다. 정규 주식 매매시간은 오전 9시부터 오후 3시까지다. 그러나 주문은 증권회사에 정규 매매시간 이전에 제출할 수 있는데, 이는 증권회사별로 달리 적용하고 있다. 그리고 정규 매매시간 이외에 투자자에게 추가적인 매매기회를 부여하기 위해 정규 매매시간 전후로 시간외 시장(07 : 30~08 : 30, 15 : 10~18 : 00)이 개설되어 있다.

주문은 주식의 종목, 가격, 수량 등을 결정해서 증권회사에 제출하면 된다. 온라인 매체를 이용할 경우, 증권회사가 제공하는 주식 종목의 코드번호를 입력하면 된다. 가격은 지정 여부에 따라 지정가주문과 시장가주문으로 구분된다. 지정가주문은 투자자가 원하는 매수·매도 가격을 지정하여 제출하는 주문으로, 지정한 가격보다 유리한 가격이나 그 가격으로 체결된다. 이와 달리 시장가주문은 가격을 지정하지 않고 제출하는 주문으로, 주문 제출 시점에 가장 유리한 가격 또는 시장에서 형성되는 가격으로 체결된다. 주문 수량은 일반적으로 10주이며, 주가가 10만 원 이상인 종목의 경우 1주 단위로 주문할 수 있다. 매매체결은 투자자가 제출한 주문에 대해 증권회사가 주문의 적정성을 확인한 후 거래소에 제출함으로써 이루어진다. 거래소에서는 많은 투자자들의 주문이 신속·공정하게 처리되도록 매매체결 기준을 정하고 있다. 여기에는 가격우선과 시간우선의 원칙이 있다. 가격우선 원칙은 매수주문(매도주문)의 경우 가격이 높은(낮은) 주문이 가격이 낮은(높은) 주문보다 먼저 체결되는 원칙이다. 한편 시간우선 원칙은 동일한 가격의 주문 간에 먼저 접수된 주문이 나중에 접수된 주문보다 먼저 체결되는 원칙이다.

거래소는 매매체결 후 그 결과를 증권회사에 통보하고, 증권회사는 이를 다시 투자자에게 통보한다. 투자자는 증권회사의 통보에 따라 결제 시한까지 매수대금 또는 매도주식을 증권회사에 납부함으로써 주식매매가 종결된다. 결제 시한은 통상 매매체결일로부터 3일째 되는 날(토·일요일, 공휴일, 휴장일 제외)의 오전 12시다. 만약 투자자가 결제 시한까지 매수·대금이나 매도주식을 납부하지 못하면, 증권회사가 투자자의 계좌에 있는 현금을 사용하거나 계좌에 있는 다른 주식을 시장에 팔아서 미납액을 충당한다. 또한 이후 신용한도 축소 등 여러 가지 불이익을 주게 되므로 투자자는 결제 시한을 꼭 준수해야 한다.

03

시장의 큰손을 주시하라

1992년 증시의 대외개방 이후 외국인의 시가총액 기준 주식보유 비중이 매년 증가하여 2004년 말 현재 42%에 달한다. 이들 외국인 투자자는 막대한 자금력과 선진투자기법을 활용한 과학적 투자로 우리 주식시장의 주도 세력으로 자리매김했다.

미국을 비롯한 세계증시의 상황을 그대로 반영해 외국인 투자자의 매매동향은 우리 시장의 주가 흐름에 큰 영향을 미치고 있다. 외국인 투자자들은 주가수익비율(PER)*, 주가순자산비율(PBR) 등 투자지표 분석을 통해 기업가치보다 저평가된 우량주를 발굴하여 투자하는 모습을 보였다. 외국인 투자자들의 과학적인 매매관행은 국내 투자자들에게 많은 교훈을 일깨워주었고, 이 과정에서 국내 투자자들 역시 값비싼 수업료를 지불한 게 사실이다. 외국인 투자자들의 주요 투자

<table>
<tr><th colspan="6" style="text-align:center">투자자별 주식보유 현황(시가총액 기준)</th></tr>
<tr><th>구분</th><th>2000년</th><th>2001년</th><th>2002년</th><th>2003년</th><th>2004년</th></tr>
<tr><td>기관</td><td>15.8%</td><td>15.7%</td><td>15.8%</td><td>16.7%</td><td>17.6%</td></tr>
<tr><td>개인</td><td>20.0%</td><td>22.3%</td><td>22.3%</td><td>19.7%</td><td>18.0%</td></tr>
<tr><td>외국인</td><td>30.2%</td><td>35.7%</td><td>36.0%</td><td>40.1%</td><td>42.0%</td></tr>
</table>

자료 : 증권선물거래소

종목은 우리 시장의 대표 우량주식들로, 해당 산업에서 독점적 내지는 과점적 지위에 있는 기업이나, 성장성은 다소 떨어지더라도 재무건전성과 수익성이 업계 최고 수준 기업들의 주식이 대부분이다.

국내 기관투자자들도 외국인들의 투자 패턴을 추종하는 경향을 종종 보임에 따라 외국인들의 매수 자체가 직접적으로 당해종목의 수급에 영향을 미치게 되었다. 그 결과 외국인이 매수하는 종목들은 그렇지 않은 종목에 비해 더 많이 오르고 덜 하락하는 모습도 관찰된다. 이러한 실태를 반영하여, 경제신문 등 언론매체에서도 상당한 지면을 할애해서 외국인의 매매동향과 매수·매도 상위종목 등을 매일 분석, 제공하고 있다. 외국인 투자자의 시장영향력이 막대해지고 있는 만큼 이들의 움직임을 철저히 분석하고 관찰하는 노력이 필요하다.

외국인 자금 중에는 거액의 핫머니(hot money)*가 포함되어 있다. 핫머니란 거액의 투기자금을 무기로 삼아 세계 각국의 금융시장을 무대로 초단기투자를 통해 수익을 꾀하는, 움직임이 빠른 자금이다. 이들 핫머니는 세계 각국의 증시를 관찰하다가 투자에 유리한 증시가 발견되면 일시에 투자했다가 불리한 재료가 발생하면 순식간에 자금을 빼내 떠난다. 다시 말해 투자 대상국 증시에 문제가 없더라도 다른 나라 증시가 더 유리하다고 판단되면 투자자금을 미련없이 거두어 시장에서 빠져나간다.

이들 핫머니가 들어오고 나가는 사이 투자 대상국 증시의 주가는 크게 출렁이게 되는데, 대부분의 투자자들은 핫머니가 언제 들어올지 또는 언제 떠날지를 정확히 알기가 어렵다. 그런데 외국인이 산 주식은 무조건 오른다는 맹신에 빠져서 외국인을 따라 추종매수하는 투자자들이 많다. 이 경우 핫머니가 한껏 시세를 올려놓은 주식을 뒤늦게 사들였다가 갑자기 핫머니가 빠져나가면서 주가가 폭락해 낭패를 볼 수도 있다. 따라서 개인투자자들이 기본적인 분석 없이 외국인 매매동향만을 추종하는 것은 매우 위험하다.

한편 국내 기관투자자의 주식투자 비중이 주요국에 비해 낮아 외국인 투자자들의 시장 내 영향력이 지나치게 커졌고, 그로 인한 주가변동성 증대 등에 대한 우려의 목소리도 높다. 다행히 최근 저금리 기조의 장기화와 정부의 부동산투기 억제책 등으로 시중 부동자금이 적립식펀드 등을 통해 주식시장으로 유입되고 있다. 기관투자자의 유동성 증대에 따라, 향후 우리시장에서도 기관투자자가 든든한 버팀목의 역할을 수행할 것으로 기대된다. 또한 향후 연기금의 주식투자 확대, 기업연금 도입 등이 실시되면, 기관투자자의 영향력은 더욱 커질 것이다.

따라서 개인투자자들은 외국인 투자자와 기관투자자의 매매동향 등을 유심히 살펴야 할 것이다.

04

주가지수를 알면 경제가 보인다

현재 주식시장에는 약 1,500개 종목이 거래되고 있어 전체적인 주식시장의 시세를 파악하기 어렵다. 따라서 주식시장의 전체 흐름을 쉽게 파악하기 위해 개발된 것이 주가지수*다. 원래 지수란 상품의 값이나 수량이 일정 기간 동안 얼마나 달라졌는지 측정·비교하기 위해 만들어진 통계값이다. 통상적으로 지수는 기준 시점의 값을 100으로 놓고, 비교하려는 시점의 값은 그에 비해 얼마나 되는지 구하는 방법을 사용한다. 주가지수도 이와 같은 방식으로 주가 추이를 나타낸다. 가령 2004년 100원이던 주가가 2005년 200원이 되었다고 하면, 2004년 기준 주가지수는 2004년에 100, 2005년에는 200이 된다. 주가지수는 포인트를 단위로 하므로 2005년 주가지수는 200포인트라고 말한다.

주가지수는 주가 수준을 표시하는 지표가 아니기 때문에 하나의 주가지수를 산출방식이 다른 주가지수와 직접 비교하는 것은 무의미하다. 간혹 미국의 다우존스 30과 우리나라의 코스피지수를 직접 비교하여, 국내 주식시장이 미국시장의 10분의 1 수준에 불과하다고 얘기하는 이들이 있다. 이 같은 실수는 주가지수를 잘못 이해한 데서 비롯된 것이다.

과거에는 단순히 시황지표, 투자판단지표로만 이용되던 주가지수의 쓰임새가 점차 다양화되고 있다. 우선 주가지수는 물가지수나 경기지수처럼 경제 전반의 상황을 나타내는 지표로 사용된다. 경기가 나쁠 때면 증시상황도 좋지 않아 주가지수가 낮아지고, 경기가 좋으면 주가가 상승해서 주가지수도 높아진다. 또한 주가가 경기에 4~6개월 정도 앞선다는 이론에 따라, 주가지수를 경기예측지표로도 활용하고 있다. 실제로 통계청에서 경기 전반의 흐름을 알려주는 경기종합지수를 계산할 때 코스피지수를 경기선행지수의 하나로 사용하고 있다. 주가지수는 자산운용 실적의 평가지표로도 사용된다. 주가지수 추이를 은행의 예금금리나 대출금리, 부동산투자수익률 추이와 비교해 어느 자산에 투자하는 것이 유리한지도 파악할 수 있다. 예를 들면 일정 기간 동안 주가지수가 10% 상승하고, 은행금리가 4%라면 주식투자가 은행예금보다 더 낫다고 말할 수 있다.

이 밖에 주가지수 자체가 하나의 투자 대상물로 상품화되고 있다. 코스피 200 선물·옵션이나 상장지수펀드(ETFs)* 등이 대표적이다.

주가지수 산출방법

현재 거래소에서 발표하는 주가지수는 시가총액식 주가지수*로서 종목별 현재 주가에 상장주식 수를 곱한 시가총액의 합을 기준 시점의 시가총액과 비교하는 방식으로 산출한다.

$$주가지수 = \frac{비교\ 시점의\ 시가총액}{기준\ 시점의\ 시가총액} \times 기준지수$$

　시가총액식 주가지수는 현재 시가총액을 기준 시점 시가총액과 비교해 몇 배나 되는지를 보여준다. 예를 들어 유가증권시장과 코스닥시장을 포함하는 우리 거래소시장 전체의 대표 우량종목 100종목의 주가 움직임을 보여주는 KRX 100*지수를 보자. KRX 100은 2005년 9월 30일 현재 2507.87포인트로, 우리 거래소시장의 주가 기준 시점인 2001년 1월 2일보다 전체적으로 2.5배 상승했다고 볼 수 있다. 한편 유가증권시장의 주가 움직임을 보여주는 코스피지수를 보자. 2005년 9월 30일의 코스피지수는 1221.01포인트로 기준 시점인 1980년 1월 4일에 비해 유가증권시장 상장주식의 전체 시세가 12.2배 정도 높아졌음을 보여준다.

우리시장의 대표적인 주가지수		
구분	유가증권시장	코스닥시장
통합시황	KRX 100	
시장시황	코스피지수	코스닥지수
대표지수	코스피 200 코스피 100	코스닥 50 코스닥 스타지수
특수지수(4종)	배당지수(KODI) 기업지배구조지수(KOGI)*	코스닥 벤처지수 코스닥 IT 벤처지수

05

증권투자에 드는 비용을 아껴라

위탁수수료

투자자가 주식, 채권 등에 투자하려는 경우 거래소시장에 직접 참가하여 사거나 팔 수 없으므로 증권회사에 이를 의뢰하는 위탁매매를 한다. 투자자는 증권회사에 자신의 매매를 위탁하는 대가로 증권회사에 일정한 금액을 지급하는데, 이를 위탁수수료라고 한다. 투자자는 증권의 매도 또는 매수주문을 내어 매매체결이 이루어졌을 때 위탁수수료를 부담한다. 투자자가 위탁수수료를 얼마나 내야 하는지는 증권회사 자율에 맡겨진다. 증권회사는 자사의 위탁수수료율을 본점, 영업점 및 인터넷 홈페이지에 게시한다. 또한 한국증권업협회, 금융감독원 홈페이지에서도 그 내용을 확인할 수 있어, 투자자들은 증권회사들의 위탁수수료율을 비교해 좀더 저렴한 증권회사를 선택할 수 있다.

또한 위탁수수료는 위탁금액과 어떤 위탁 경로를 이용하는지에 따라 차이가 있다. 영업점에서 직접 주문을 내는 경우, 인터넷을 통한 HTS를 이용하는 경우, 전화 ARS를 이용하는 경우에 따라 수수료율이 다르다. 통상 증권회사 영업점에 직접 방문해서 거래할 때의 수수료가 가장 비싸다. 이 경우 증권회사들은 최저 0.1%에서 최대 0.5%의 위탁수수료율을 부과한다. 예를 들어 영업점 주문방식으로 1,000만 원 상당의 주식을 매수하는 경우, 증권회사에 따라 최저 1만 원에서 최대 5만 원의 수수료를 내야 한다.

우리나라는 정보통신 인프라가 잘 갖추어져 있어 인터넷, PDA 등을 이용한 온라인 거래가 활성화되어 있다. 온라인 거래의 수수료율은 최저 0.025~최대 0.1%(2005년 5월 현재) 내외다. 예컨대 투자자가 인터넷을 이용해 1,000만 원 상당의 주식을 거래했다면 최저 2,500

위탁수수료 징수현황 예시				
구분		거래매체	수수료율	
기본 수수료	오프라인	영업점/콜센터	2억 원 이하	0.5%
			2억 원 초과~5억 원 이하	0.45%+10만 원
			5억 원 초과	0.40%+35만 원
	온 라 인	HTS(인터넷)	0.025%	
		ARS,핸드폰,무선단말기	0.1%	
		PDA	0.12%	
최저 수수료*		영업점, 콜센터	0.5%	

* 최저 수수료는 약정금액이 일정 수준 이하(예 : 50만 원 이하)인 경우에 적용하며, 증권사별로 도입하고 있지 않은 곳도 있음.

원에서 최대 1만 원의 수수료만 지불하면 된다. 일반적으로 영업점 거래보다 온라인 거래를 이용하면 훨씬 저렴한 비용으로 거래할 수 있다. 이러한 점을 고려해서 위탁거래시 증권회사별로 제시한 수수료율을 꼼꼼히 따져본 후 거래하는 자세가 필요하다.

위탁수수료가 투자자의 거래금액에서 차지하는 비중은 매년 감소세에 있다. 즉 1999년에는 매매거래대금의 0.33% 수준이었다가, 2000년 0.22%, 2004년 0.18%로 감소했다. 이것은 인터넷을 이용한 온라인 거래 등장 이후 수수료가 지속적으로 인하된 결과다.

증권거래세

증권거래세는 투자자가 증권을 매도하는 경우에만 부과되는 세금이므로 매수거래시에는 부과되지 않는다.

증권거래세의 세율은 매도금액의 0.5% 이내에서 정부가 경제상황 등을 고려해서 정하도록 하고 있다. 2005년 5월 현재 유가증권시장에서 증권을 매매하는 경우 0.3%의 세율이 과세된다. 이는 증권거래세 0.15%와 농어촌특별세 0.15%를 합한 것이다. 즉 1,000만 원 상당의 증권을 매도했다면 3만 원을 증권거래세로 내는 것이다.

반면에 코스닥시장에서 매도시에는 농어촌특별세를 내지 않는 대신 매도 체결금액의 3%에 해당하는 증권거래세를 내야 한다. 한편 제3시장에서는 증권거래세가 더욱 비싸서 매도금액의 0.5%를 낸다.

주식매매비용 절감방법

주식을 매매할 때 증권회사에 내는 위탁수수료와 증권거래세를 합한 거래비용은 얼마나 될까? 증권회사 영업점을 통해 거래할 때 HTS 대신 증권회사 영업점 직원의 손을 거치면 거래대금의 0.5%를 살 때와 팔 때 모두 내야 하는데, 특히 팔 때에는 추가로 증권거래세 0.3%를 내야 하므로 결국 0.8%가 거래비용으로 들어간다.

따라서 같은 금액을 사고 판다면 모두 1.3%의 거래비용이 들게 되는 것이다. 단순하게 말하자면 주식을 살 때 들인 금액보다 적어도 1.3% 높은 금액에 팔아야 본전이 되는 셈이다.

증권회사에 전화를 걸어 주식을 1,000만 원어치 매수해서 100만 원의 차익을 남겨 1,100만 원에 판다고 가정해 보자. 이 경우 주식을 살 때는 거래수수료로 주식매수액 1,000만 원의 0.5%인 5만 원을 내야한다. 팔 때에는 매도금액 1,100만 원의 0.8%(매도위탁수수료 0.5%+증권거래세 0.3%)인 8만 8,000원을 내야 한다. 따라서 수수료와 세금을 합해 사고파는 데 드는 비용은 모두 13만 8,000원이다. 즉 매매차익으로 100만 원을 벌었더라도 거래비용을 제한 실질 수익은 86만 2,000원이다.

위의 사례를 HTS를 이용해서 거래하면 비용을 훨씬 절약할 수 있다. 2005년 5월 현재 HTS 이용시 위탁수수료율은 대략 0.025%에서 0.1% 전후 수준인데 0.1%를 위탁수수료로 낸다고 가정하자. 이때 매수시 0.1%와 매도시 0.1%+0.3%(거래세)=0.4%를 합해서 총 0.5%의 거래비용만 들게 된다. 따라서 1,000만 원어치 주식을 사서 100만 원의 수익을 남긴 뒤 되팔았다면, 실질 수익은 위탁수수료와 증권거래세 5만 4,000원을 제한 94만 6,000원이 된다. 증권회사 직원의 손을 거쳐 매매했을 때보다 8만 4,000원의 이득이 생기는 것이다.

양도소득세

주식을 팔아서 남는 매매차익을 주식양도차익(capital gain)이라고 하며 이에 대해 매기는 세금이 주식양도소득세다. 주식양도소득세는 개인투자자에게 부담이 없다. 유가증권시장이나 코스닥시장에서 주식을 팔 경우 모두 면제되기 때문이다. 다만 코스닥시장 상장종목을 코스닥시장이 아닌 장외에서 팔 때, 유가증권시장이나 코스닥시장에 상장되지 않은 장외주식을 팔 때(free board 포함)는 양도차익의 10~20% 정도를 양도소득세로 내야 한다. 거래한 기업이 중소기업이면 10%, 대기업이면 20% 정도를 낸다. 프리보드에서 소액주주가 벤처기업 주식을 매매한 경우에는 양도소득세가 면제된다. 한편 상장주식을 팔더라도 5% 이상의 지분을 소유한 대주주와 그 친족 등이 3년 간 유가증권시장에서 팔아넘긴 주식의 지분율 합계가 1% 이상이면 양도소득세를 내야 한다.

배당소득세

투자자는 기업의 주식을 매수함으로써 기업에 자금을 투자한 주주가 되고, 기업은 주주로부터 자금을 투자받아 사업을 영위하고 거기서 벌어들인 이익을 다시 주주에게 현금이나 주식으로 배분하는데 이를 배당이라 한다. 이렇게 주주가 배분받은 금전 또는 주식에는 배당소득세가 과세된다.

　자기명의로 주식을 보유한 투자자의 배당소득에 대해서는 14%의 세율이 적용되며, 자기명의가 아닌 경우에는 35%의 다소 높은 세율이 적용된다. 자기명의로 거래하는 일반투자자들의 경우 배당을 지급하는 기업 또는 증권회사가 배당액에서 배당 소득세를 차감한 후 배당금을 지급한다. 그러나 장기보유주식(1년 이상, 5,000만 원 이하), 우리사주조합원, 근로자주식저축(2001년 12월 31일 이전 가입), 장기증권저축(2002년 3월 31일 이전 가입), 근로자우대저축(2002년 12월 31일 이전 가입)의 배당소득은 비과세다.

Nifty fifty와 Widows & Orphan stocks

'일단 이 주식을 팔고 나면 살 수 없다. 더 좋은 주식이 없기 때문이다. 시장 지위가 너무 확고해 경제환경이 어떻게 변하더라도 일정한 배당을 보장받는 것과 마찬가지다. 세상은 이 기업을 중심으로 돌아가고 있고, 우리는 단지 주식을 사놓고 기다리기만 하면 된다.' 1960년대와 1970년대 초반 월가를 뒤흔든 이른바 'Nifty fifty' 주식, 1990년대 말 IT 버블기를 주름잡던 닷컴주들이 이런 취급을 받았다. 지나고 보면 과대평가된 것이고 거품이지만 주식투자자라면 누구나 그 시대의 최고 인기 기업에 투자하고 싶어한다. 월가는 할리우드가 늘 스타를 찾아내듯이 스타 기업을 찾아낸다.

Nifty의 사전적 의미는 '멋진, 재치 있는, 매력적인 계집애' 등이다. 따라서 Nifty fifty는 '멋쟁이 주식 50선' 쯤으로 해석하면 좋을 것이다. 이는 1960년대부터 1970년대 초반까지 월가의 대형 기관투자자들이 집중적으로 매수했던 대형주 50개를 일컫는 말이다. 당시 최고의 블루칩(blue chip)*인 셈이다. Nifty fifty는 'One-decision stocks' 라고도 불렀다. 단 하나의 선택, 즉 '사서 쥐고 있기(buy and hold)' 만을 해야 하기 때문이다. 그만큼 완벽한 주식이라는 의미다. 이 말은 1972년 키더피바디증권이 매달 PER(주가수익비율)가 높은 고성장 블루칩 리스트를 발표하면서 처음 등장했다.

이들 주식은 보통 PER가 46배에서 92배의 수준에서 거래되었다. 원년 멤버로 지금까지 우리들에게 익숙한 기업들로는 GE, 월마트, 휴렛팩커드 등이 있다. 물론 이들 기업은 엄청나게 고평가된 기업이다. 그 종목 가운데 하나였던 존슨앤존슨은 당시 PER가 61배였는데, 현재는 20배에 불과하다. 아마도 비이성적 과열이 지배했기 때문일 것이다. 그러나 Nifty fifty는 경기침체기를 맞이해 버블이 꺼지면서 급속하게 몰락했다.

'Widows and Orphan stocks' 은 '과부와 고아들의 생계를 위해서 사도 좋을 만큼 안정적인 주식'이라는 뜻에서 붙여진 이름이다. 그 시대에 누구나 알고 있는 주식이자 시장점유율을 따라올 상대가 없는 주식으로, 당연히 배당도 높았다. 전기, 가스 등 공익주(utility stocks)들이 여기에 속했다. 우리도 잘 아는 통신계의 독점적인 기업이었던 AT&T가 대표적인 주식이다. 그러나 세상이 변하는데 기업이 변하지 않는다는 것 자체가 말도 안 되는 가정이다. 기업은 생명체이므로 환경이 바뀌면 적응해야 한다. 미국 정부는 1970년대 AT&T를 몇 개의 지역회사(Baby bell)로 분할시켰다. 통신시장의 독점을 우려했기 때문이다. 그러나 오늘날 Nifty fifity는 단지 기관투자자들이 선호하는 대형주와 인기주로, Widows & Orphan stocks는 이들의 인기에 가린 중소형주 중심의 '소외된 주식'이라는 이미지로 퇴색했다. 세월의 변화에 발맞추어 최근에 월가는 전세계 시장을 상대로 하는 다국적기업을 'Nifty Multinationals'라는 신조어로 만들어 스타 찾기에 나서고 있다.

주식투자에도 블루오션은 있다

01

재무제표를 알면 기업가치가 보인다

가치투자란 단기적으로는 기업의 내재가치와 시장가격의 괴리가 존재할 수 있지만, 장기적으로는 시장가격이 내재가치로 수렴할 것이라는 믿음을 갖고 저평가된 주식에 투자하는 방법이다.

일반투자자들이 가치투자에 관심을 갖게 된 것은 투자의 귀재인 워런 버핏(Warren Buffett)을 통해서였다. 버핏은 기업의 현재가치뿐 아니라, 미래가치까지 고려하여 우량주를 선택한 후 장기적으로 투자하는 전략을 구사했다. 그는 가치투자 전략을 이용해서 과거 누구도 이루지 못한 38년 동안 연평균 20% 이상의 수익률이라는 놀라운 실적을 올렸다.

가치투자의 유용성은 1990년대 후반 세계적인 디지털 기술과 생명공학에 바탕을 둔 '신경제(new economy)' 가설의 등장과 함께 투

사업보고서 등의 제출 시기				
구분	사업보고서	1/4분기 보고서	반기보고서	3/4분기 보고서
작성대상 기간	직전 사업년도	1~3월 간	1~6월 간	1~9월 간
제출기한	사업년도 경과 후 90일 이내	분기 또는 반기종료 후 45일 이내		

재무비율의 종류 및 의미			
구분	재무비율	측정방법	의미
안전성	부채비율	총부채/자기자본	경영의 안정성
	자기자본비율	자기자본/총자산	자본조달 상태
	이자보상비율	영업이익/이자비용	이자지급 능력
수익성	총자산 순이익률(ROA)	당기순이익/총자산	자산의 효율적 운용
	자기자본 이익률(ROE)	당기순이익/자기자본	자기자본의 효율적 운용
	매출액 경상이익률	경상이익/순매출액	매출액에 대한 반복적·경상적 이익력
성장성	매출액증가율	매출액증가액/전기매출액	매출액, 제품시장력
	총자산증가율	총자산증가액/전기말총자산	기업 담보력
	순이익증가율	순이익증가액/전기순이익	신용, 수익창출력

자의 세계에서 사라지는 듯했다. 그러나 2000년 IT 버블의 붕괴로 실적이 뒷받침되지 못하면 높은 주가가 유지될 수 없음을 다시 한번 확인했다. 2001년 이후 저평가 우량주의 주가상승은, 내재가치가 언젠가는 시장에 반영된다는 확신을 투자자에게 심어주었다.

그렇다면 가치투자의 전제가 되는 내재가치 평가는 어떻게 해야 하며, 나아가 가치주를 어떻게 발견할 것인가 하는 문제가 남는다. 이러한 가치주를 발견하는 데 가장 기초가 되는 자료는 기업의 재무제표(financial statements)다. 재무제표는 일정 기간 동안의 경영성과와 특정 시점의 재무상태를 나타내는 보고서로는 대차대조표, 손익계산서, 이익잉여금처분계산서(또는 결손금처리계산서), 현금 흐름표 등이 있다.

특히 대차대조표와 손익계산서는 기업의 가치를 평가하는 데 중요한 정보를 제공한다. 대차대조표는 일정 시점의 기업 재무상태에 관한 정보를 제공하는 재무보고서다. 대차대조표를 분석하면 기업의 자본 건전성, 부채지급 능력, 자산의 적절한 구성 여부 등 향후 계속기업으로서의 존립 및 수익창출 능력을 판단할 수 있다.

손익계산서는 일정 기간의 영업활동으로 발생한 수익과 지출한 비용을 대응시켜 경영성과 정보를 제공하는 재무보고서다. 기업의 원가율, 마케팅 비용, 순이익 중 영업활동과 비영업활동의 구분, 배당가능이익의 지속적 창출 능력 등을 가늠할 수 있다. 또한 시계열 분석*을 통해 기업의 성장성과 경영효율성을 분석하는 데 매우 유용한 보고서다.

유가증권시장, 코스닥시장의 상장법인을 포함해 증권거래법에서 정한 기업은 사업보고서, 반기보고서, 분기보고서 등의 정기보고서를 공시*해야 한다. 따라서 일반투자자는 이러한 정기보고서를 통해 기업의 재무제표를 열람할 수 있다. 기업이 제출하는 재무제표를 직접 보고 싶다면 거래소 홈페이지(http://www.krx.co.kr)나 금융감독원 전자공시 시스템(http://dart.fss.or.kr)에 접속하면 된다. 예를 들어, 12월 결산법인의 경우 인터넷을 통해 익년 3월 말 이후에 전년도 사업보고서*를 볼 수 있다.

이렇게 구한 재무제표를 이용하여 간편하게 기업의 상태를 파악하는 방법으로는 재무비율분석*이 있다. 재무비율분석이란 재무제표에 나타난 두 개 이상의 수치 사이에 존재하는 관계를 측정하는 것을 말한다. 특히 재무비율분석은 기업의 안정성, 수익성, 성장성을 간단하게 파악할 수 있는 유용한 방법이다.

02

PER와 PBR로 저평가주를 찾아낸다

주가수익비율

가치투자의 전제가 되는 기업가치 평가방법에는 기업의 가치를 절대적 수치로 평가하는 방법도 있지만, 편의성과 유용성을 감안하여 상대적 기업가치를 평가하는 방법이 많이 사용된다.

또한 상대적 기업가치는 기업이익, 순자산가치*, 매출액 등을 이용하여 평가하는데, 이 중 가장 대표적인 지표로는 주가수익비율(PER : price earning ratio)이 있다.

PER는 현재의 주가를 주당순이익(EPS : earnings per share)*으로 나눈 지표로서 기업이 벌어들이고 있는 한 단위의 이익에 대해 증권시장의 투자자들이 얼마의 가치로 평가하고 있는지를 의미한다. 예를 들어 1주당 순이익이 3,000원이고 주가가 3만 원이라면 PER는

10(배)이 되는데, 이는 1원의 수익을 내는 기업에 대해 투자자들이 10배의 가치로 평가하고 있음을 뜻한다.

기업마다 PER가 다르다는 사실은 1단위 수익에 대한 질적 평가 내지는 신뢰도가 다르다는 것을 뜻하므로 여러 주식의 PER 수준을 서로 비교하거나 서로 다른 시점에서의 PER의 변화를 상대적으로 비교하면, 그 기업의 상대적 평가나 가치변화에 대한 정보를 얻을 수 있다. 즉 개별 주식의 PER를 증시 전체의 평균 PER 또는 산업평균이나 경쟁업체 PER와 상호 비교함으로써 현재 형성된 주가의 적정성을 평가할 수 있다. 또한 현재의 PER와 과거 일정 기간의 평균 PER를 상호 비교함으로써 주가의 상대적 회복 수준을 평가하기도 한다.

그럼 어떤 경우에 PER가 낮아지거나 높아지는지 알아보자. PER의 산출식을 보면, PER가 낮아지기 위해서는 EPS가 같을 경우 주가가 낮아져야 한다. 즉 같은 EPS 수준에서 기업의 주가가 상대적으로 낮을 경우 저PER주가 되는 것이다. 또한 주가 수준이 같다면 EPS가 높은 기업의 주가가 EPS가 낮은 기업의 주가에 비해 저PER주가 된다.

정리해 보면, 저PER주란 기업의 수익력이 높지만 상대적으로 주식시장에서 저평가되고 있는 주식을 말한다. 이처럼 PER는 저평가된 주식을 찾아내는 데 유용한 지표다. 흔히 외국의 주요 증시에 비해 한국증시가 저평가되었다는 주장의 근거로 한국기업의 PER가 외국 경쟁기업의 PER보다 낮다는 점을 들고 있다.

한국과 미국의 대표 기업 PER 비교				
업종	한국	PER	미국	PER
철강	포스코	4.3	US Steel	3.5
전기전자	삼성전자	7.9	Intel	19.6
자동차	현대자동차	8.6	Ford	25.4

2005년 8월 말 기준

그러나 PER는 기업의 미래수익력이 아닌 과거의 실적치를 사용한 지표라는 데 한계가 있다. 다시 말해, 과거의 실적치에 근거한 PER가 낮다고 해서 유망한 투자 대상이라는 주장이 틀릴 수도 있다는 것이다. 이를 보완하기 위해 애널리스트들은 기업의 미래수익을 전망하고 이를 근거로 예상 PER를 산출하기도 한다.

주가순자산비율

PER를 통해 저평가된 가치주를 찾아낼 수 있는 것처럼 기업의 순자산가치와 주가와의 관계를 이용하면 저평가된 가치주를 찾아낼 수 있다.

주가순자산비율(PBR : price book-value ratio)은 현재의 주가를 주당 순자산*으로 나누어 산출하는데, 자산가치에 대비한 상대적 주가 수준을 측정하는 데 이용된다. 기업의 순자산가치는 기업의 수익창출에 기여할 뿐만 아니라, 기업청산시 배분가능액을 의미하므로 기업 안정성 판단의 척도로 사용되기도 한다. 따라서 PBR가 1 이하라면 현재의 주가가 청산가치보다도 저평가되어 있다고 할 수 있다.

그러나 PBR를 통해 저평가된 주식을 찾을 때도 유의할 점이 있다. PBR의 산정시 1주당 순자산을 시장가치가 아닌 대차대조표상의 장부가치*로 계산하게 되므로, 실제 자산가치를 반영하지 못할 수도 있다. 특히 브랜드나 특허권 같은 지적 재산의 무형가치를 많이 소유한 기업이나, 판매망 또는 네트워크 중심의 서비스 기업을 분석할 때 PBR의 유용성은 상대적으로 감소할 수밖에 없다.

03

CEO를 알면 미래 주가가 보인다

CEO의 비전

투자할 주식을 선정할 때 CEO의 기업관, 경영능력, 비전 등의 요소도 중요한 판단 대상이 된다. 특히 우리나라와 같이 기업의 역사가 일천할수록 CEO의 역할이 중요하며 중소·벤처 기업의 경우 그 중요성은 더욱 크다.

미국 월가의 투자분석가들은 기업을 분석할 때 CEO와의 면담을 빠뜨리지 않고 있으며 그들의 능력과 비전을 냉정히 평가한다고 알려져 있다. 물론 CEO도 기업설명회(IR : investors relationship)* 등을 통해 적극적으로 자신의 비전을 제시한다. 실제 CEO의 능력과 비전이 주가에 반영되는 이른바 'CEO주가' 현상이 나타나고 있는 것이다. 우리나라에서도 일부 기업의 주가가 CEO의 진퇴에 따라 크게 오르내리는 예가 있었다. 현대 경영환경이 급격히 변화하고 있는 가운데, 기업의 미래에 대한 CEO의 명확한 비전은 불확실성 해소라는 측면에서 기업가치 평가에 중요한 의미를 갖는다.

기업지배구조

투자할 주식을 선별할 때 경영자가 주주의 이익을 극대화할 수 있는 경영·의사결정 프로세스(기업지배구조)가 구축되어 있는지 살펴보는 것 또한 중요하다. 기업의 경영자나 지배주주가 다른 주주의 이익과 상반된 행동을 한다면 주가는 하락할 것이 분명하기 때문이다.

일반적으로 기업의 소유가 창업주와 그 가족, 관계회사 또는 금융기관 등에 집중되어 있는 경우가 많다. 이러한 경우 지배주주가 소수주주 또는 채권자들의 이익을 무시하고 자신들의 이익만을 극대화하고자 하는 일이 생길 수 있다.

우리나라의 경우 많은 지분 없이도 창업주 및 그 일가가 피라미드식 지분구조, 상호출자 등의 수단을 동원해서 회사 또는 기업군의 의결권*을 장악하는 구조가 널리 퍼져 있다. 이때 여러 개의 계열사를 거느린 지배주주는 자신의 이해가 상대적으로 적은 계열사와 그 계열사의 주주들의 이익을 희생시키면서 자신의 지분이 큰 계열사의 이익을 증대시킬 유인을 가질 수 있다. 이러한 구조에서 일반투자자는 보유주식의 가치하락이라는 예측하지 못한 상황에 직면할 수 있다. 따라서 주식투자시에는 기업의 지배구조에 대한 고려도 필요하다.

기업의 지배구조를 알고 싶다면 먼저 사업보고서를 참고하는 방법이 있다. 사업보고서에는 이사회와 감사위원회 현황뿐 아니라 주식의 분포, 관계회사 현황, 타법인 출자 현황, 임직원 현황 등 기업 지배구조에 대한 정보가 상세하게 실려 있다.

또한 한국기업지배구조개선지원센터(http://www.cgs.or.kr)는 해마다 상장기업을 대상으로 유가증권시장, 코스닥시장별로 지배구조 우수기업을 선정하고 있다. 거래소는 지배구조 우수기업 지정 여부를 홈페이지와 공시를 통해 공표하는데, 거래소 홈페이지에서 이를 확인할 수 있다.

04

배당투자를 하면 위험이 줄어든다

저금리 시대의 대안은 배당투자

지금까지 설명한 기업의 가치를 평가하는 다양한 방법에도 불구하고, 주식투자에 대한 리스크는 여전히 투자자에게 두려운 요소다. 이러한 리스크에 두려움이 있다면 배당투자를 고려해 보는 것도 추천할 만하다.

배당투자란 상장기업의 주식을 산 뒤 장기간 보유하면서 기업으로부터 배당금을 받는 것을 주 목적으로 하는 투자방식이다. 투자 후 예상한 배당수익률(=배당금/주가) 이상으로 주가가 상승하면 주식을 팔아 시세차익을 얻는다. 이와 반대로 주가가 오르지 않으면 배당 시점까지 주식을 가지고 있다가 예상배당금을 획득함으로써 주가하락에 따른 자본손실을 만회할 수 있다. 예를 들면 주식을 매수

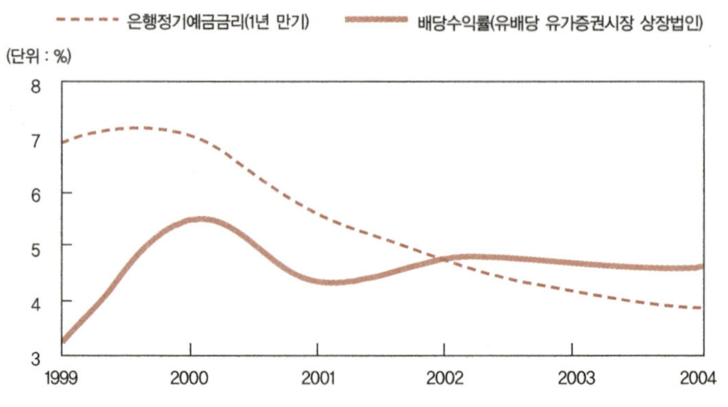

자료 : 한국은행, 증권선물거래소

한 가격이 1만 원인데 현금배당이 1,000원이라면 배당수익률은 10%가 된다. 주가가 오르면 동시에 시세차익도 얻을 수 있다. 주가가 8,000원으로 떨어지더라도 배당금까지 고려할 경우 수익률은 −10%로 손실을 줄일 수 있다.

이러한 배당투자는 저금리가 고착화되는 현재의 금융환경에서 더욱 주목받고 있다. 2004년 12월 유가증권시장 결산법인의 총 배당금은 사상 첫 10조 원을 돌파했고, 현금배당을 실시한 기업은 393개 사로 전체 12월 결산법인의 71.6%를 차지했다. 이들 현금배당기업의 평균 배당수익률은 4.7%로 1년 만기 은행정기예금 연평균 금리 3.75%보다 0.95%포인트 높았다.

위의 그림에서 볼 수 있듯이 정기예금금리는 점차 하락하고 있는 반면, 배당수익률은 대체로 4% 이상을 유지하고 있다.

그렇다면 어떤 주식을 대상으로 배당투자를 해야 하는지의 문제가 남는다. 아무리 높은 배당금을 받았다고 해도 투자원금 손실이 크다면 전체 수익률은 마이너스가 된다. 그러므로 주가안정성이 높은 종목을 고르는 일이 선행되어야 한다. 따라서 안정적인 수익기반을 갖추고 경기의 부침을 덜 받으면서 매년 꾸준한 배당을 실시하는 종목이 배당투자 유망종목이다.

또한 배당투자를 할 때는 전체 이익 중 배당금의 비율을 나타내는 배당성향과 기업이 일정한 수준의 배당을 실시하는지 여부를 나타내는 배당정책도 살펴야 한다. 특히 배당정책은 기업마다 특색이 있고, 자사주 매입이나 무상증자* 등 기타 주주관리 정책과도 밀접한 연관성이 있기 때문에 회사의 공시나 과거의 정책을 세밀하게 파악할 필요가 있다.

05

성장주를 찾아내 발빠르게 움직여라

흔히 우리는 성장주*라는 말을 사용한다. 과연 성장주는 어떤 주식일까. 성장주를 한 마디로 정의하기는 어렵지만, 통상 기업의 실적이 빠르게 증가하고 이에 맞추어 주가도 빠르게 상승하는 주식이나 성장 잠재력이 큰 기업의 주식을 말한다.

성장주의 특징

그러나 이처럼 추상적인 정의는 현실세계에서 성장주를 찾아내는 데 별 도움이 안 된다. 오히려 성장주들의 일반적인 특징들을 통해 살펴보는 것이 현실에서 성장주를 발굴하는 데 유용할 것이다.

첫째, 성장주는 사회의 전반적인 트렌드 변화와 함께 탄생하는 경우가 많다. 예를 들면 주 5일 근무제 실시에 따라 주목받고 있는 여행, 레저·문화 관련 주식이 대표적이다. 이와 함께 노령화에 따른 의료비지출 증가와 퇴직연금시장의 확대는 실버 산업 관련 주식에 대한 관심을 증대시킨다.

둘째, 우리의 생활을 편하게 하는 기업의 주식이다. 생활과 밀접한 관련이 있는 제품은, 일단 그 편리성을 인정받으면 광범위한 수요층을 형성해서 급속한 성장이 가능하고, 다른 중간재를 생산하는 기업보다 매스컴의 주목을 받기 쉬워 투자자에게도 친근하게 다가설 수 있다. 그만큼 그 기업의 주식도 성장주로 발전할 가능성이 크다. 인터넷 업종 주식이 대표적인 사례다.

물론 시장의 성장이 빠른 만큼 경쟁도 극심하고 기업의 진입과 퇴출도 빠르게 이루어지지만, 일단 시장에 대한 지배력을 어느 정도 획득하면 주가도 급속히 상승하게 된다.

셋째, 시장에 독점력을 행사하는 기업이다. 기업이 단기적으로 큰 수익을 내더라도 다른 기업의 진입이 쉽다면 초과 이윤은 단기간 내에 사라진다. 따라서 장기적인 성장을 도모하기 위해서는 어느 정도 독점력이 필수적이다. 흔히 독점이라고 하면 정부의 정책에 의한 독점이나 규모의 경제에 의한 독점을 떠올리기 쉽다. 여기서 말하는 독점은 오히려, 마이크로소프트나 퀄컴처럼 기술개발력이나 막강한 브랜드파워를 통한 독점을 의미한다.

성장주를 선택할 때 주의할 점은 다음과 같다. 성장주는 이익 수준에 비해 PER가 높은 경우가 많아, PER나 PBR와 같은 가치주 투자 기준을 그대로 적용하는 것은 한계가 있다. 성장주는 적자를 내거나 이익 수준이 매우 낮은 경우가 많아 PER를 기준으로 주가가 저평가

자료 : 증권선물거래소

되었는지 고평가되었는지 평가하기는 힘들다. 따라서 가치주와는 다른 선택 기준이 요구된다.

우선 성장주는 초기시장을 개척하는 경우가 많은데, 확실한 수익력을 갖추기 위해서는 상당히 오랜 시간이 걸릴 수 있기 때문에 안정적인 재무구조가 기본적으로 요구된다.

다음으로, 주가수익성장비율(PEG : price earning growth ratio)이라는 지표를 이용해서 성장주를 선택할 수 있다.

$$PEG = \frac{PER}{1+성장률}$$

마지막으로 투자자 스스로가 성장주를 선택할 수 있는 능력과 자질을 갖추는 것이다. 성장주투자는 일반적으로 시장에서 아직 성장성이 확인되지 않는 불확실한 시기에 주식을 매수해야 하기 때문에 투자자의 노력과 자질이 더 많이 요구된다. 성장주는 높은 브랜드파워, 경쟁력 있는 기술, CEO의 능력 및 혜안 등 무형가치와 밀접한 관련이 있는데, 무형가치를 평가하는 것은 자산가치나 수익가치를 계산하는 일보다 훨씬 어렵기 때문이다. 더욱이 경제, 기술, 문화, 과학, 정책, 인구변화 등 환경변화와 그 핵심동인을 포착해야 하기 때문에 성장주를 제대로 선택하기란 쉽지 않은 일이다. 결국 투자자 스스로 많은 노력을 기울이는 수밖에 없다.

06

꿩도 먹고 알도 먹는 공모주투자

증권시장은 기업이 증권을 발행하는 발행시장과 발행된 증권이 매매되는 유통시장*으로 구분된다. 발행시장에서 기업들이 필요한 자본을 조달하는 방법으로는 일반투자자를 대상으로 한 공모*발행이 일반적이다. 공모란 증권거래법상 회사설립, 기업공개, 증자 등 기업의 자본금을 늘리기 위해 50명 이상의 일반투자자를 대상으로 증권을 발행하는 것을 말한다.

공모주투자는 일반투자자가 공모주식을 청약하여 배정받는 것을 말한다. 보통 공모기업은 시장에서 본격적인 평가를 받기 전 단계이고, 주식발행 업무를 대행하는 증권회사도 증권발행 후 주가하락에 따른 위험을 회피하고자 한다. 따라서 공모가격은 일반적으로 동종업종의 주가보다 10~30% 정도 저렴하다. 개인투자자들은 이러한 공모시장의 특성을 이용하여 공모주청약*을 통해 저렴한 가격에 주식을 살 수 있고, 주식시장이 상승기일 경우 상당한 시세차익을 얻을 수도 있다.

그러나 청약 단계에서 공모시장이 과열되어 공모가격이 지나치게 높게 형성되거나, 공모 후 주식시장의 하락으로 해당 공모기업의 주가가 공모가에도 못 미치는 경우 손실을 볼 수도 있다. 따라서 공모주투자 전에 기업의 내재가치 및 주식시장의 흐름을 충분히 파악한 후 공모주에 투자하는 것이 바람직하다. 이를 위하여 금융감독원 또는 거래소에 제출된 해당 기업의 사업설명서*를 꼼꼼히 읽어볼 필요가 있다.

그러나 발행시장에 참여하는 일반투자자를 보호하기 위해 도입된 풋백옵션(put back option)* 제도를 이용하면 공모주투자 위험을 어느 정도 줄일 수 있다. 풋백옵션이란 배정받은 공모주의 가격이 상장 후 1개월 내에 하락하는 경우, 공모주 청약투자자가 청약증권사에 공모가의 90% 이상으로 주식을 되팔 수 있는 제도다. 즉 최악의 경우 자신이 투자한 공모주의 주가가 급락했을 때는 청약증권사에 공모주를 되팔아 손실을 최소화할 수 있다.

한편 증권회사는 공모주 배정시 고객의 거래실적 등을 고려하기 때문에 공모주투자를 원하는 투자자는 거래 증권회사와 지속적인 관계를 유지할 필요가 있다.

07

타이밍이 투자의 성패를 좌우한다

타이밍의 승부사가 되라

주식투자에 성공하기 위해서는 투자종목과 매매 타이밍을 잘 선택해야 한다. 이를 위해서 기본적 분석을 통해 현재 경기상황에서 주식투자를 할 것인가, 어떤 업종을 선택할 것인가, 어떤 기업에 투자할 것인가를 결정하게 된다.

일단 기본적 분석을 통해 사고자 하는 업종 및 종목을 선정하고 나면, 다음으로 중요한 것은 '투자하고자 하는 주식을 언제 살 것인가' 하는 투자 시기 판단이다. 투자 시기 결정은 주가의 차트*, 이동평균선*, 거래량 이격도* 등 다양한 지표들을 종합해서 그 정확도를 높일 수 있다. 이를 위해 이용되는 분석방법이 '기술적 분석*'이다. 기술적 분석은 시장의 수요와 공급에 따라 주가가 결정된다는 가정

<table>
<tr><td colspan="3" align="center">기본적 분석과 기술적 분석</td></tr>
<tr><td></td><td>기본적 분석</td><td>기술적 분석</td></tr>
<tr><td>이용</td><td>기업가치 분석을 통해 투자
유망한 업종 또는 종목 선정</td><td>과거 주가 추이 분석을 통해
적절한 투자 시기 포착</td></tr>
<tr><td>분석
지표</td><td>– 경기지표(성장률, 물가, 소비, 설비투자 등)

– 재무제표(매출, 순이익 등)

– 기타 투자지표(주당순이익, 주가수익비율,
　주당 순자산비율 등)</td><td>– 거래량, 거래대금 등 증감 추이

– 고객예탁금 등 증시 주변 자금상황

– 주가의 추세 분석(이동 평균선,
　이격도, 투자심리도 등)</td></tr>
</table>

에서 출발한다. 과거 주식거래 자료를 도표 등으로 정리한 후, 변화 추세와 패턴 등 경험적 요인을 찾아 미래의 주가를 예측한다. 이들 기술적 분석은 미래 주가에 대한 예측을 통해 매매 시점을 결정하는 데 도움을 준다.

그러나 기술적 분석의 전제인 '과거의 주가 추세나 매매 패턴이 미래에도 유사하게 반복된다'는 가정은 오늘날의 증권시장이 과거와는 비교할 수 없을 정도로 급격한 환경변화에 노출되어 있다는 점을 고려할 때 매우 비현실적이다. 또한 기술적 분석은 단기적인 시장상황에만 집착하여 시장변화의 근본적인 원인에 대한 분석을 제대로 못한다는 한계를 갖고 있다. 따라서 기본적 분석* 없이 기술적 분석에만 집착하는 것은 단기매매로 인한 투자실패로 연결될 수 있음을 유의해야 한다.

시장의 에너지를 말하는 거래지표들

주가 선행지표로서의 거래량

증권시장에서 거래량이란 '팔자' 주문과 '사자' 주문이 맞아 떨어져 매매가 체결된 주식 수량을 말한다. 거래량은 증시 전체 또는 개별 종목의 시세향방을 알려주는 주요 지표다. 즉 거래량은 내가 참가하고자 하는 증권시장과 사고자 하는 종목이 거래가 활발한 상태인지를 알려주고, 적절한 투자 타이밍을 판단하게 해준다. 예컨대 거래량이 늘면서 주가가 바닥 수준에 머물고 있을 때는 주가가 상승 전환될 것으로 예상하고, 거래량이 늘고 주가가 오름세로 전환될 때 매수 신호로 해석한다. 반대로 거래량이 줄고 주가가 더 이상 올라가지 않을 때는 주가가 하락할 것으로 예상하고, 거래량이 줄고 주가도 내리면 매도 신호로 해석한다.

이와 더불어, 거래량회전율*은 일정 기간 동안 주식거래가 얼마나 활발히 이루어졌는지를 보여주는 지표다. 보통 회전율이 높은 종목은 시장에서 관심이 높은 것으로 해석된다.

주가와 거래량과의 관계		
	주가	거래량
상승추세	상승	증가
	하락	감소
하락추세	상승	감소
	하락	증가

$$거래량\ 회전율(\%) = \frac{일정\ 기간 \times 누적\ 거래량}{일정\ 기간 \times 평균\ 유통주식\ 수} \times 100$$

거래대금과 고객예탁금

거래대금의 움직임도 거래량과 함께 장세를 판단하는 데 유용한 지표다. 거래대금은 거래량에 매매가격을 곱한 금액으로, 대개 거래량과 같은 방향으로 움직인다.

$$거래대금\ 회전율(\%) = \frac{일정\ 기간\ 거래대금}{일정\ 기간\ 평균\ 시가총액} \times 100$$

거래량, 거래대금과 함께 증시 주변자금의 기본적인 수급상황을 알려주는 고객예탁금*의 증감 추이 역시 투자 타이밍을 결정하는 데 중요한 참고지표가 된다. 고객예탁금이란 고객이 주식을 사기 위해

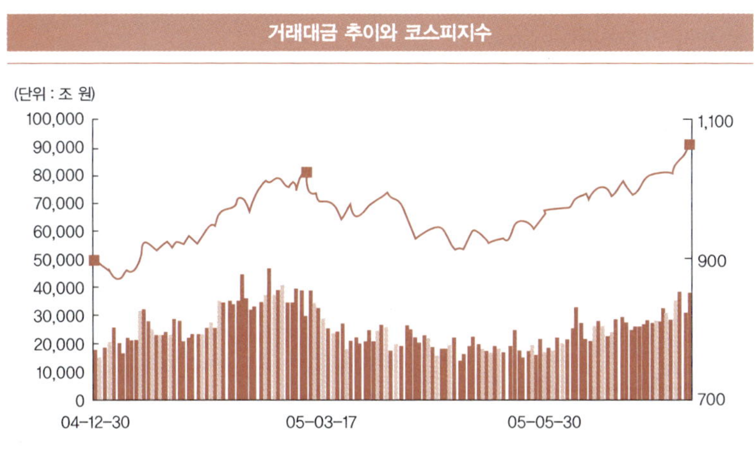

* 자료 : 증권선물거래소

고객예탁금과 주가지수							
구분	1999년 말	2000년 말	2001년 말	2002년 말	2003년 말	2004년 말	2005년 8월 말
고객예탁금(조 원)	9.58	6.65	9.58	8.14	8.80	8.13	11.1
KOSPI	1,028.07	504.62	693.70	627.55	810.71	895.92	1063.16

증권회사에 미리 맡겨두는 돈이다. 일반적으로 주가상승이 예상되는 경우 시중 부동자금은 주식시장으로 이동하여 고객예탁금 및 주식형수익증권 잔고가 증가하는 경향을 보인다.

주가 추세를 나타내는 이동 평균선

이동 평균선은 일정 기간의 주가를 평균하여 전체 주가 흐름을 쉽게 파악하기 위한 지표다. 예를 들어 5일 이동 평균선은 그 날 종가를 포함한 최근 5일 간의 합계를 5로 나눈 값이다. 주로 5일(1주), 단기 20일(1개월), 중기 60일(3개월), 120일(6개월), 장기 240일(1년) 이동 평균선이 이용된다.

　현재의 주가, 단기, 장기 이동 평균선이 위로부터 차례로 배열된 상태를 이동 평균선의 정배열이라 하는데, 중장기적 상승 추세를 뜻한다. 반대로 현재의 주가, 단기, 장기 이동 평균선이 거꾸로 배열된 상태는 이동 평균선의 역배열로서 중장기적 하락세를 뜻하는 것으로 해석되고 있다.

이동 평균선의 종류별 특징			
구분	이동 평균선	관련 변수	판단 요인
단기	5일	투자심리	주식시장의 매수, 매도 심리
	20일	금리	금리의 상승, 하락
중기	60일	수급	수급상황 호전 여부
	120일	추세	상승 및 하락 추세 판단
장기	240일	경기	경기회복 또는 부진 여부

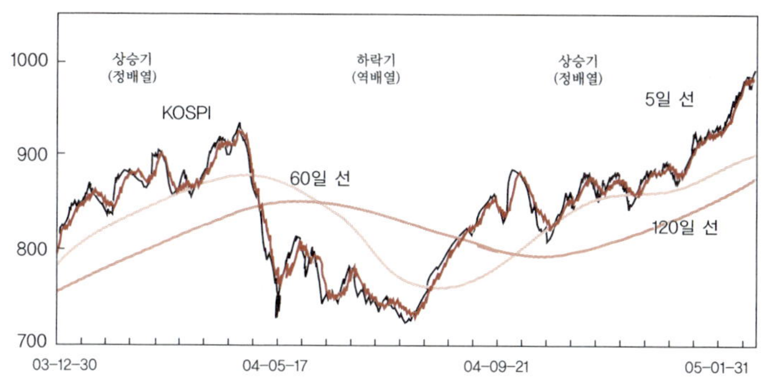

자료 : 증권선물거래소

이격도를 활용한 매매 타이밍

이격도는 이동 평균선으로 단기적인 매매 타이밍 포착이 어려운 점을 보완하기 위해 사용되는 보조지표다. 주가가 이동 평균선에서 멀리 떨어져 있으면 주가는 다시 이동 평균선으로 회귀하려는 경향이 있다. 이격도를 이용한 매매결정은 이러한 성질을 이용하여 매수·매도 시점을 찾으려는 방법이다.

이격도는 당일의 주가를 이동 평균치로 나누어서 구한다.

$$\text{이격도}(\%) = \frac{\text{주가}}{\text{이동평균}} \times 100$$

예를 들어, 20일 이격도는 당일 주가를 20일 이동 평균 주가로 나누어 100을 곱하여 계산한다. 이격도가 100%라는 것은 그날 주가가 정확히 이동 평균선상에 놓여 있다는 뜻이다.

주가가 이동 평균선보다 지나치게 높으면 매도 시점으로, 지나치게 낮으면 매수 시점으로 보는 것이다. 20일과 60일 이동 평균을 이용한 이격도를 가장 많이 활용한다. 보통 이격도가 110% 이상일 때 매도하고, 95~90%일 때 매수하는 것이 유효하다고 한다. 그러나 이격도를 활용한 매매 시점 포착이 언제나 유효한 것은 아니다. 특히 경제사건에 의해 시장상황이 급변한 경우나 개별 종목에 호재 또는 악재가 발생한 경우, 이격도는 현재의 주가와 차이가 커질 수 있다. 이러한 이격도가 갖는 한계점을 인식하고, 매매 타이밍을 결정하는 보조지표 정도로 이격도를 이용하는 것이 좋다.

이격도 활용 실례			
국면	20일	60일	신호
상승	98% 이하	98% 이하	매수
	106% 이상	110% 이상	매도
하락	92% 이하	88% 이하	매수
	102% 이상	104% 이상	매도
보합	95% 이하	90% 이하	매수
	105% 이상	110% 이상	매도

시장의 과열 여부를 판단하는 지표

특정 주식의 매매 시점을 포착하기 위해서는 현재의 주식시장이 과열양상을 보이고 있는지, 또는 침체 국면에 있는지를 진단하는 과정도 중요하다. 주식시장의 과열 및 침체를 판단하는 데 주로 이용하는 지표로는 거래량비율(volume ratio)*, 투자심리도 등이 있다.

거래량비율

거래량비율은 일정 기간 중 주가상승일과 주가하락일 간의 거래량 추이를 보고 매매 타이밍을 찾는 기술적 분석지표다. 거래량비율이 100%라는 것은 일정 기간 동안 주가상승일의 거래량과 주가하락일의 거래량이 동일함을 의미한다.

　거래량비율은 다음과 같이 계산한다.

$$\text{거래량비율(\%)} = \frac{\text{주가상승일 거래량 합계} + \text{주가변동이 없는 날 거래량 합계} \times 0.5}{\text{주가하락일 거래량 합계} + \text{주가변동이 없는 날 거래량 합계} \times 0.5} \times 100$$

　일반적으로 주가가 상승할 때에 거래가 좀더 활발하기 때문에 거래량비율이 150%인 수준을 보통으로 본다. 그러나 강세장일 경우 주가상승일의 거래량이 하락일의 거래량보다 더욱 많아 거래량비율이 200~300%를 기록하는 경우가 보통이다. 일반적으로 거래량비율이 450% 이상이면 과열로, 75% 이하면 바닥권(침체) 장세로 인식한다.

거래량 비율의 판단 기준		
	범위	매매시점
거래량비율(VR)	150~200%	보통상태
	450% 이상	천정권
	75% 이하	바닥권

투자심리도

투자심리도는 시장의 갑작스런 호재나 악재를 즉각 반영해서 시장의 변화를 신속하고 객관적으로 판단하는 데 도움을 주는 지표다. 투자심리도 계산은 10거래일(2주 간)을 기준으로 주가가 상승한 날을 백분율로 나타낸다. 이를 산식으로 나타내면 아래와 같다.

$$투자심리도(\%) = \frac{최근\ 10일\ 동안\ 주가상승일\ 수}{10} \times 100$$

계산식만큼이나 투자심리도의 해석도 간단하다. 투자심리도가 25% 이하이면 침체 국면 매수 시점으로, 75% 이상이면 과열 국면 매도 시점으로 본다. 25~75% 사이에 있을 때는 횡보 국면으로 판단하고 매매전략을 수립한다.

투자심리도 해석	
지표 값	해석
75~100%	과열, 경계 시점(매도 고려)
25~70%	중립 시점
0~20%	침체, 매수관찰 시점(매수 고려)

영혼이 있는 투자자, 존 템플턴

존 템플턴(John Templeton) 경은 아시아 경제위기가 정점에 달했던 1997~98년 한국과 싱가포르, 호주 등에 과감한 투자를 하면서 우리에게도 널리 알려진 인물이다. 존 템플턴은 주식투자자들에게 귀감이 될 만한 인물이다. 그가 공황기에 저렴한 주식들을 사들여 큰 돈을 쥐게 된 일화는 유명하지만, 종교계의 노벨상인 인류애와 종교적 성취가 뛰어난 인물을 선정해 시상하는 템플턴상(The Templeton Prize)의 창설자라는 사실은 잘 알려져 있지 않다. 템플턴은 1992년 자신의 뮤추얼펀드 회사를 매각하면서 공식적으로는 은퇴했지만 그의 투자철학과 원칙은 여전히 월가의 금과옥조로 자리하고 있다.

그의 투자경험과 연구에서 얻어 정리한 템플턴의 성공투자원칙 15가지를 소개한다.

1. 실제 투자수익률을 생각하라. 세금과 인플레이션을 감안한 실제 수익(real return)을 최대화할 수 있도록 투자해야 한다.

2. 투기가 아닌 투자를 하라. 주식시장은 카지노장이 아니다. 주가가 1~2% 움직일 때마다 주식을 사고 팔고, 선물을 사고 팔고, 옵션을 사고 파는 식이라면 결국 카지노장의 도박꾼처럼 돈을 잃게 될 것이다.

3. 유연하게 사고하라. 여러 종류의 투자 대상, 즉 주식이나 채권, 현금 등에 대해 유연하면서도 개방적인 자세를 유지해야 한다.

4. 싸게 사라. "쌀 때 사서 비쌀 때 팔라"는 말 만큼 쉬운 것도 없다. 하지만 많은 사람들이 비싸게 사서 싸게 판다. 군중심리를 피해가기란 사람의 속성상 힘든 일이다. 그러나 당신이 전문가일지라도 비관적일 때 사고, 모두가 낙관에 젖어 있을 때 팔아야 한다.

5. 좋은 주식을 사라. 좋은 주식이란 성장 산업의 리더기업이며, 기술적 우위와 우수한 경영진을 갖고 있는 회사의 주식이다. 이런 회사는 경쟁기업에 비해 원가가 낮고,

재무구조도 좋다.

6. 가치투자를 하라. 시장 흐름이나 경제전망이 아니라 가치를 사라. 약세장에서도 오르는 종목이 있고, 강세장에서도 하락하는 종목이 있다.

7. 분산투자를 하라. 아무리 조심해도 장래에 어떤 일이 벌어질지는 아무도 모른다. 여러 종류의 회사, 산업, 나라에 투자해야 한다.

8. 직접 공부하라. 우선 투자하기 전에 면밀히 조사하라. 스스로 연구하기가 어렵다면, 유능한 전문가를 고용해 도움을 받아도 된다.

9. 투자현황을 모니터하라. 강세장도, 약세장도 영원히 지속되지 않는다. 변화를 예상하고, 준비하라.

10. 패닉에 빠지지 말라. 주식을 팔아야 할 때는 대폭락이 있기 이전이지 그 다음이 아니다.

11. 실수 때문에 낙담하거나 또는 이를 만회하려고 더 큰 위험을 무릅쓰는 우를 범해선 안 된다. 실수를 통해 배우면 된다.

12. 기도는 도움이 된다. 기도를 하면 생각이 명료해지고, 실수도 적어진다. 그러나 성공투자로 인도해 달라는 기도는 삼가라.

13. 겸손하라. 모든 문제에 대한 답을 아는 투자자는 없다.

14. 공짜는 없다. 내부 정보라는 말에 솔깃해서도 안 된다.

15. 투자시에 긍정적인 자세를 가져라. 주가 대폭락이 있어도 비관하지 말라. 역사적으로 볼 때 주가는 장기적으로 상승했다. 금융시장의 미래는 밝다.

CHAPTER 5

채권투자로
두 마리 토끼를 잡는다

01

채권도 주식과 같은 유가증권이다

채권이라고 하면 머릿속에 쉽게 떠올리는 단어들이 있다. 다름 아닌 '어렵다, 사채시장, 나와는 상관없는 상품' 등의 말일 것이다. 이처럼 채권에 대한 선입견 탓에 일반인들은 채권투자에 쉽게 접근하지 못하는 것이 현실이다.

그러나 채권은 일반인들이 생각하는 것만큼 어렵지 않다. 채권도 주식과 같은 유가증권의 일종이다. 다만 주식은 일반인들이 직·간접적으로 투자에 참여할 기회가 많아 쉽게 느낄 뿐이다. 반면에 채권은 상대적으로 거래 규모가 크고, 주식처럼 활발한 유통시장이 형성되어 있지 않으며, 주문이 가격이 아닌 수익률로 이루어지는 등 매매제도가 주식과 달라 왠지 어렵게 느껴질 뿐이다.

그렇다면, "채권도 주식과 같은 유가증권이다"라는 말은 도대체

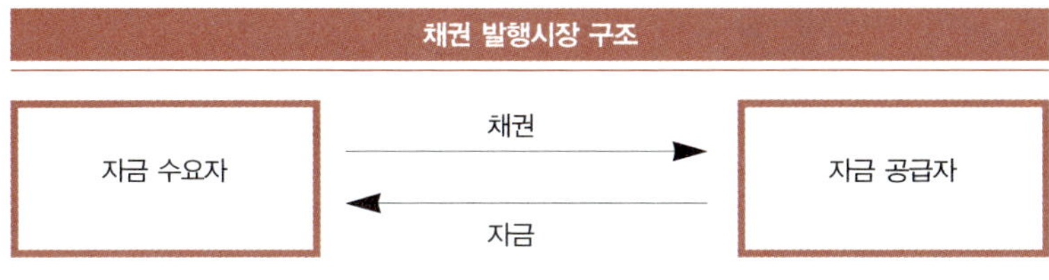

무슨 의미일까?

이는 채권이 정부나 기업과 같은 자금을 필요로 하는 자금수요자가 여유자금을 가지고 있는 일반투자자들로부터 필요자금을 공급받기 위해 발행하는 증권으로써 주식과 마찬가지로 거래소시장이나 증권회사 창구에서 손쉽게 사고 팔 수 있다는 의미다.

채권은 만기가 있는 '확정이득증권' 이다

그러면 채권은 주식에 비해 어떠한 특성을 갖고 있는지 알아보자.

우선, 채권은 발행 당시에 만기, 이자 등 주요 발행조건들이 이미 확정되어 있다. 주식은 만기가 없지만 채권은 만기가 있는 기한부증권으로 투자자는 만기에 원금을 상환받는다. 특히 주식투자자는

본질	내용
확정적 증권	발행 당시 만기, 금리 등 발행조건이 확정되어 있어 미래현금 흐름의 사전 파악이 가능
기한부증권	발행시 원리금의 지급 시점이 확정되고 만기일에 발행자와 투자자 간의 권리의무가 완전히 소멸되는 한시적 증권
이자지급부증권	채권발행자는 자금조달 비용으로 이자를 지불하고, 투자자는 자금공급의 수익으로 이자를 지급받는 증권

채권의 본질

배당금을 받지만, 채권투자자는 일정한 이자를 지급받는다.

한편 주식은 발행자가 주식회사로 한정되어 있으나, 채권은 그 발행자가 국가, 지방자치단체, 특수법인, 주식회사 등 매우 다양하다. 주식보유자는 주주로서 주주총회에서 의결권을 행사할 수 있지만, 채권보유자는 단지 채권자일 뿐 의결권은 행사할 수 없다.

채권의 종류

채권은 발행자가 일반기업뿐 아니라 정부, 지방자치단체, 특수법인 등 매우 다양하며, 발행방식이나 발행조건도 종류별로 다양하다. 이러한 기본 특성을 감안해 채권을 누가 발행했는지, 이자는 어떤 방법으로 지급되는지, 원금과 이자지급이 보증되어 있는지 등의 기준에 따라 다음과 같이 나눈다.

우선 발행주체에 따라 국채, 지방채, 특수채, 회사채* 등으로 나눈다. 국채는 정부가, 지방채는 특별시·광역시 등 지방자치단체가 필요자금을 조달하기 위해 발행하는 채권이다. 특수채는 한국은행, 일반은행, 그리고 한국전력공사와 같은 공사·공단 등 특별법에 따라 설립된 기관들이 발행하는 채권이다.

이자지급방식에 따라 할인채, 복리채, 단리채, 이표채로 구분된

채권의 종류	
분류 기준	채권 구분
발행주체	국채, 지방채, 특수채, 금융채, 회사채, 외국채
이자지급방법	할인채, 복리채, 단리채, 이표채
보증유무	보증채, 무보증채

다. 할인채는 채권을 발행할 때 원금에서 만기일*까지의 이자를 제한 저렴한 가격으로 발행하는 채권이다. 복리채와 단리채는 만기일에 원금과 이자를 한꺼번에 지급하는 채권이다. 복리채는 이른바 "이자가 이자를 부른다"는 말처럼 이자의 재투자수익을 포함하는 채권인 반면, 단리채는 이자의 재투자수익이 포함되지 않는 채권이다. 이표채는 정기적으로 이자지급일(보통 3개월 단위)에 이자를 지급하는 채권이다.

한편 원리금지급을 제3자가 보증하는 보증채권과 그렇지 않는 무보증채가 있다. IMF 외환위기 이후 발행되고 있는 대부분의 채권이 무보증채다.

02

고정수익도 얻고 추가수익도 얻는 채권투자

채권은 발행 당시 발행자가 약속하는 고정수익(이자소득)뿐 아니라, 주식 등의 유가증권과 마찬가지로 시장상황에 따라 추가수익(자본소득)을 얻을 수 있어 매력적인 투자상품이다.

채권의 고정수익, 즉 이자수익은 일반인이 은행 정기예금에 가입한 경우 가입 당시 은행이 약속한 이자를 지급받는 것과 동일한 개념이다.

예를 들어보자. 만기가 1년, 이자가 10%인 채권에 1억 원을 투자했다고 가정하면, 채권투자자는 1년 후 1억 원의 원금과 1,000만 원의 이자를 지급받게 된다. 이러한 채권의 고정수익인 이자는 채권의 가장 기본적인 투자수익이다. 역으로 이자는 발행기관의 입장에서 볼 때 '자금조달비용' 인 것이다.

　그렇다면 이제 추가수익, 즉 자본소득에 대해 알아보자. 채권투자자는 채권 만기 전에 시장에서 보유채권을 높은 가격으로 매도함으로써 매입가격과 매도가격의 차이만큼 이익(자본소득)을 얻을 수 있다.예를 들어, 금리 연 10%의 채권 1억 원 어치를 1만 원당 1만 원의 가격으로 매입한 채권투자자가 6개월 후 채권가격이 1만 1,000원으로 상승하여 채권을 매도했다고 가정하자. 채권투자자는 6개월 간 이자 500만 원(1억 원×10%/2)의 고정수익과 1,000만 원(1억 원×1,000원/1만 원)의 추가수익을 동시에 얻게 된다.

　채권 투자의 경우, 은행의 정기예금과 달리 시장상황에 따라 추가적인 소득을 얻을 수 있는 이유는 투자자가 유가증권으로서 보유하고 있는 채권을 시장에서 매도함으로써 원금을 회수할 수 있는 기회가 제공되기 때문이다.

　유가증권은 본질적으로 그 가격이 계속 변한다. 따라서 채권을 보유하고 있는 투자자는 보유채권의 가격이 자신이 매수한 가격보다 올랐을 때는 보유채권을 매도함으로써 그 차액을 얻을 수 있다.

　물론 그 반대의 경우도 있다. 즉 자기가 매수한 가격보다 낮게 시장에서 유통되는 경우다. 이때 채권투자자는 채권을 만기까지 보유함으로써 가격변동 위험을 회피할 수 있어 주식보다 안전하다.

채권수익률에 영향을 미치는 요인

은행의 정기예금에 가입하거나, 채권에 투자하는 경우 이자를 받는 이유는 바로 돈에 '가치'가 있기 때문이다.

　쉬운 예를 들어보자. 현재의 1만 원과 5년 후의 1만 원은 분명히 그 가치가 다를 것이다. 5년 동안 물가가 오를 것이고, 집값도 오를 것이다. 그래서 5년 후의 1만 원은 일반적으로 현재의 1만 원보다 돈의 가치가 떨어질 것이다. 바로 그 돈의 가치를 같게 하기 위해 돈을 빌리는 사람이나 빌려주는 사람이 서로 이자를 주고받기로 약속하는 것이다.

채권수익률 즉 이자율도 이러한 개념에서 비롯되었다. 자금이 필요한 채권발행자와 자금을 빌려주는 채권투자자 간에 돈의 현재 값어치(현재가치)와 미래 값어치(미래가치)를 일치시키기 위해 이자를 지급하고 지급받기로 약속한 것이다.

채권수익률(이자율)이란 투자원금 대비 벌어들인 원리금의 비율이다. 1만 원을 투자해 만기에 1만 1,000원의 원리금을 받았다면, 채권수익률은 연 10%인 셈이다. 채권수익률이 높은 경우가 낮은 경우보다 투자한 돈과 받는 돈의 차이가 큰 것이다.

이러한 채권수익률은 여타 증권과 마찬가지로 항상 변동하는데, 채권수익률을 변동시키는 요인은 다음과 같다.

채권수익률은 잔존 기간, 지급불이행위험, 유동성 등 채권의 고유 요인과 경기상황, 물가 수준, 통화량 등 외적 요인에 따라 변동한다.

채권 고유 요인이란 발행채권의 내부적인 요인을 말하는데, 대표적으로 만기, 발행자의 신용도, 유동성 정도를 들 수 있다.

만기가 긴 채권, 발행자의 신용도가 낮은 채권, 유동성이 떨어지는 채권은 그렇지 않은 채권보다 일반적으로 채권수익률이 높다. 왜냐하면 돈을 빌려주는 채권투자자 입장에서는 위험이 높은 대가로 좀더 높은 이자를 발행자에게 요구하기 때문이다.

채권수익률 주요 변동 요인		
고유 요인	잔존만기	장기채 > 단기채
	신용위험	고위험채 > 저위험채
	유동성정도	저유동성 > 고유동성
외적 요인	경기상황	활황기 > 침체기
	물가동향	인플레기 > 디플레기
	통화량 수준	금융긴축기 > 금융완화기

외적 요인이란, 발행채권의 내부적 요인이 아닌 경기상황, 물가동향, 통화량 등 국가경제 전반의 외부적 요인을 말한다.

경기활황기, 인플레기, 금융긴축기가 경기침체기, 금융완화기일 때보다 채권수익률이 높은 모습을 갖는 게 일반적이다. 경기활황기일 때와 시중의 자금사정이 나쁠수록 자금을 필요로 하는 사람이 많아지고, 인플레가 심한 시기일수록 미래의 채권가치가 떨어지기 때문이다.

03

채권이 주식보다 안전한 몇 가지 이유

일반인들은 채권보다 주식에 더 많은 투자경험을 갖고 있을 것이다. 주식투자가 결코 쉬운 일이 아니라는 사실을 경험 있는 투자자라면 인정할 것이다.

한 마디로, 주식은 '살아 움직이는 상품'이다. 주식은 물가, 통화량, 환율 등 경제적 요인뿐 아니라 주식을 발행한 기업의 영업상황, 이익 규모 등 기업 내부적 요인에 따라 끊임없이 가격이 변동한다. 따라서 주식투자자는 이들 요인의 변동 상황을 예의 주시해야 한다.

A사의 주식을 보유하고 있는 투자자는 A사의 영업실적이 어떤지, 지배구조가 선진화되어 있는지 등을 항상 관심을 갖고 살펴야 투자 손실을 최소화하고 높은 수익을 얻을 수 있다.

채권의 경우를 살펴보자. 채권도 기본적으로 외부 요인뿐 아니라 내부 요인에 의해 가격이 변동되는데, 이는 주식과 마찬가지다. 그러나 채권투자는 다음과 같은 점에서 주식투자와 다르다.

첫째, 일반적으로 채권수익률 변동성은 주식가격 변동성보다 작다. 채권은 중장기적인 일정한 추세에 따라 가격이 변동됨으로써 투자자가 가격변동의 방향을 예측하기가 주식보다 쉬운 경향이 있다.

둘째, 주식가격이 지속적으로 하락하는 경우 주식투자자는 주식을 매도하지 않고는 그 손실을 막을 방법이 없다. 주식은 만기도 없고, 발행자가 투자자에게 얼마의 돈을 돌려주기로 약속한 것도 없기 때문이다. 그러나 채권은 다르다. 채권가격이 지속적으로 하락한다면 채권투자자는 채권을 매도하지 않으면 그만이다. 채권보유자는 가격변동 위험을 만기까지 채권을 보유함으로써 완전히 제거할 수 있다. 즉 채권을 매입하여 만기까지 보유하고자 하는 투자자는 만기에 가서 미리 약속받은 원리금을 지급받으면 된다. 즉 채권가격변동 위험에 전혀 노출되지 않는다는 말이다. 따라서 만기까지 채권을 보유하고자 하는 채권투자자가 유일하게 처하는 위험은 원리금을 지급받지 못하는 발행자의 '채무불이행 위험'이다.

이러한 발행자의 채무불이행 위험을 피하기 위해서 채권투자자는 발행자의 신용도를 면밀히 살펴야 한다. 국가가 발행하는 국채, 지방채, 특수채의 경우 발행자의 신용도가 높아 채무불이행 위험이 거의 없다. 그러나 주식회사가 발행하는 회사채의 경우라면 신용평가회사가 발표하는 신용등급을 예의 주시해야 한다.

이렇게 볼 때, 채권은 주식에 비해 가격변동성이 작고, 가격하락에 따른 투자손실을 만기보유로 피할 수 있다는 점에서 안전한 투자

상품이라고 볼 수 있다.

또한 일반인들이 생각하는 만큼 막대한 자금이 필요한 것도 아니다. 거래소 채권시장에서 매매되고 있는 소액채권(국민주택 1종채권, 지방채)의 경우 소규모 자금을 가지고도 투자할 수 있어 매우 적합하고 안전한 투자 대상이다.

04

선택이 탁월하면 특별한 이익이 있다

최근 주가가 상승하면서 채권과 주식투자의 이점을 동시에 노릴 수 있는 주식 관련 사채와, 주가 수준에 따라 이익이 달라지는 주가연계증권 등 이른바 옵션이 있는 채권이 저금리 시대의 매력적인 투자 수단으로 각광받고 있다.

주식으로 전환할 수 있는 전환사채

전환사채(CB : convertible bonds)*는 정해진 기간 내에 일정한 조건에 따라 발행회사의 주식으로 전환할 수 있는 권리가 부여된 채권을 말한다. 일반적으로 CB는 전환권이라는 옵션이 부여되므로 일반 사채보다 발행금리가 낮다. 물론 CB의 전환가격*, 전환청구 기간, 전환비율 및 만기보장수익률 등 발행조건은 CB 발행시에 미리 정해진다.

CB 투자자는 상대적으로 일반 채권보다 낮은 이자를 받는 대신에 주가상승시 시세차익을 기대할 수 있다. 따라서 투자자 입장에서는 언제 주식으로 전환해서 자본이득을 취할 것이냐가 주요 관심사가 된다. 전환을 결정하는 데 '패리티(parity)*' 지표를 이용하면 유용하다. 이 지표는 CB를 주식으로 전환할 경우 전환차익이 발생하는가를 판단하는 것으로서 현재의 주가가 전환가격을 몇 % 상회하고 있는지 나타낸다.

$$\text{패리티(\%)} = \frac{\text{주가}}{\text{전환가격}} \times 100$$

예를 들면 전환가격이 6,000원인데 주가가 6,600원이면 패리티는 110%〔(6,600원/6,000원)×100〕가 된다. 이는 주식으로 전환하여 매도할 경우 투자자가 10%의 수익을 얻을 수 있음을 의미한다.

다시 말해, 패리티가 100을 초과하면 주식으로 전환함으로써 좀 더 많은 이익을 얻을 수 있기 때문에 주식 전환이 많아지고, 반면 패리티가 100을 하회할 경우 주식으로 전환하면 손해가 나기 때문에 전환이 이루어지지 않는 것이다.

CB의 투자수익률은 전환가격 등 발행조건, 발행회사의 향후 주가전망, 발행회사의 채무상환능력 등에 따라 결정된다. 따라서 투자자는 이러한 요인들을 체크한 후 CB에 투자해야 한다.

신주를 받을 수 있는 신주인수권부사채

신주인수권부사채(BW : bonds with warrants)*란 정해진 기간 내에 일정한 조건에 따라 발행회사의 신주를 인수할 수 있는 권리(옵션)가 부여된 채권을 말한다. BW는 사채권과 별도로 신주인수권*이 표시된 증권을 발행한다. 신주인수권을 분리해서 유통할 수 있는지 여부에 따라 분리형과 비분리형으로 나뉜다. 분리형 BW는 사채권과 신주인수권을 분리하여 양도할 수 있지만, 비분리형 BW는 사채권과 신주인수권을 하나의 채권에 표시해 발행함으로써 이 둘을 따로 분리하여 양도할 수 없다.

일반적으로 BW 투자자는 신주인수권을 부여받는 대신에 일반 채권보다 낮은 이자를 받게 된다. 따라서 투자자들의 주된 관심은 주가상승에 따라 신주인수권을 행사함으로써 자본이득을 얻는 데 있다. 투자자가 언제 신주인수권을 행사하여 자본이득을 얻을 수 있는지 판단하는 지표로 '신주인수권 패리티(warrant parity)'가 주로 이용된다. 신주인수권 패리티는 신주인수권 행사가격과 비교해서 현재 주가가 몇 퍼센트 높은지 또는 낮은지를 나타내는 지표다.

$$\text{신주인수권 패리티(\%)} = \frac{\text{주가} - \text{행사가격}}{\text{행사가격}} \times \text{부여율} \times 100$$

*부여율 : 신주인수권 행사시 매입할 수 있는 주식의 수

예를 들면 행사가격 1만 원, 주가 1만 1,500원 그리고 부여율이 2(신주인수권 1개당 2주를 인수할 수 있는 권리)라면 신주인수권 패리티는 30%[(11,500원−10,000원)/10,000원×2×100]가 된다. 이는 신주를 인수

하여 매도할 경우 투자자가 30%의 수익을 거둘 수 있음을 의미한
다. 신주인수권 패리티가 플러스라면 신주를 인수해서 좀더 많은 이
익을 얻을 수 있기 때문에 신주인수권 행사가 많아진다.

상장주식과 맞바꿀 수 있는 교환사채

교환사채(EB : exchangable bonds)*란 정해진 기간 내에 일정한 조건에
따라 발행회사가 보유하고 있는 유가증권으로 교환할 수 있는 권리
가 부여된 채권이다. 주로 EB는 발행회사가 보유하고 있는 상장주식
을 시장가격보다 높은 가격으로 매각하기 위해 발행된다. 일반적으
로 교환사채는 다른 상장회사의 주식과의 교환권리가 부여되므로 이
자율이 일반 회사채보다 낮은 수준에서 결정된다. 교환비율은 사채
액면당 교환주식으로 교환을 청구할 수 있는 비율이다. 교환가격이 1
만 원이고 교환사채 10만 원을 소유한 사채권자가 교환청구할 때 교
환비율이 100%이면 10주, 50%이면 5주를 교환해 주게 된다.

　교환사채는 전환사채와는 발행조건(대상 주식, 만기보장수익률, 교환
시점 등)은 다르지만 교환가치와 채권가치를 함께 가지고 있다는 점
에서 전환사채와 가격형성 메커니즘이 같다. 따라서 교환사채 투자
는 전환사채 투자지표(패리티 등)를 참고하면 된다.

옵션부채권 투자전략

이처럼 특별한 선택권이 붙어 있는 채권의 투자전략에 대해 현재 가
장 많이 발행되고 있는 전환사채(CB)를 중심으로 알아보자.

A기업이 발행한 CB를 2004년 5월 10일 유통시장에서 7,300원에 매입한 투자자가 있다. CB의 가격 및 주식시세 변화에 따른 이 투자자의 투자전략은?

발행조건은 다음과 같다.
표면금리 3% , 만기상환율 118.25% , 전환가격 1만 7,000원

• 유통시장에서 중도 매각 CB 가격이 9,500원이라고 하자. 이때 채권으로 시장에서 매도할 경우 매입가격 7,300원과의 차이인 2,200원의 시세차익을 거둘 수 있다.

• 주식으로 전환 후 매도 A기업의 주가가 2만 원인 경우 전환가격 1만 7,000원으로 전환해서 주식시장에서 매도하면 1주당 3,000원의 시세차익을 거둘 수 있다.

• 만기보유 A기업의 주가가 전환가격 1만 7,000원 이하로 하락할 경우 전환권을 행사하지 않고 만기까지 채권을 보유해 표면금리 3%를 매년 지급받고, 만기에 만기상환금 1만 1,825원(10,000원×118.25%)을 받는다.

05

안정성과 수익성을 동시에 추구한다

여유자금을 가진 일반인이 채권에 투자하는 방법은 크게 직접투자
와 간접투자가 있다.

직접투자는 투자자가 자기책임 하에 시장에서 채권을 직접 사고
파는 것인 반면, 간접투자는 여유자금을 전문적인 금융기관(은행, 증
권사, 투신사)에 맡기고, 금융기관이 채권에 투자하여 그 수익을 투자
자에게 돌려주는 것이다.

일반투자자들이 쉽게 투자할 수 있는 채권직접투자 상품들로는
국채, 소액국공채, 환매조건부채권(RP), 양도성예금증서(CD) 등이 있
는데, 이들에 대해 간단히 알아보기로 하겠다.

가장 안전한 채권인 국채의 경우, 은행이나 증권회사를 통해 입찰
에 참여하여 살 수도 있는데, 이를 위해서는 은행이나 증권회사에

계좌를 개설하고 입찰보증금을 예치해야 한다. 이렇게 매입한 국채는 거래소에 주문을 제출하거나 증권회사 영업점에서 언제든지 되팔 수 있다.

일반투자자들이 적은 금액으로 쉽게 투자하기 좋은 수익성과 안전성을 고루 갖춘 상품으로 '소액국공채'가 있다. 소액국공채란 별도의 채권 이름이 아니라, 우리가 부동산이나 자동차를 새로 사서 등기나 등록할 때 의무적으로 사야 하는 국민주택채권(1종)이나 도시철도채권 등을 1,000원 단위의 소액으로 매매할 수 있도록 제도화한 것을 통칭하는 것으로 거래소가 별도의 시장을 운영한다. 증권회사에 계좌(주식계좌 포함)를 갖고 있는 사람이면 누구나 이 시장에서 주문을 낼 수 있다.

RP는 대표적인 단기금융상품 중 하나다. 은행이나 증권회사들이 보유하고 있는 채권을 고객에게 팔되 일정 기간이 경과한 후 미리 약속한 이자를 합쳐서 다시 되사는 조건을 붙여 파는 금융상품이다. 즉 '1,000만 원을 30일 동안 월 1%의 이자로 빌려주면 30일 후에 1,010만 원을 주겠다' 라는 것을 미리 계약하고 거래하는 것이 RP다. RP는 중도해지가 가능하며 통상 만기가 90일 이내로 제한되어 있다. 예금자보호대상은 아니지만, 보통 국채나 예보채 등 우량채권을 대상으로 하기 때문에 안전성이 뒤지지 않는 상품이다.

CD는 은행 정기예금에 양도성을 부여한 이른바 양도성예금증서다. 쉽게 말해 '남들에게 줄 수 있는 예금통장' 인 셈이다. 은행의 정기예금통장은 개인정보가 적혀 있어 그 통장의 양도가 불가능하나, CD는 증서에 이름이 없는 이른바 무기명이다. 따라서 만기 전에 중

개기관을 통해 제3자에게 자유롭게 팔 수 있다. 그러나 예금자보호 대상은 아니다. CD는 90일물이 주종이며, 예치 기간 동안의 이자를 액면에서 할인하는 방식으로 발행된다. 예를 들어 30일물 CD 1억 원어치를 월 1%에 구입한 투자자는 9,700만 원을 내고 3개월 후 1억 원을 받게 된다.

그 밖에도 대표적인 채권간접투자 상품으로 MMF, 투신사펀드, 은행신탁 등이 있다. MMF는 고객이 예치한 자금을 모아 주로 국채 나 통안채, CD 등 금융자산에 투자하고 그 수익을 고객에게 돌려주 는 초단기 실적배당상품이다. 세금우대가 가능하고 투자금액에 제 한이 없으며, 특히 입출금이 자유로운 것이 특징이다. 투신사의 채 권형 펀드나 은행의 채권신탁상품은 일반인이 예치한 자금을 주로 국공채에 운용하고, 그 수익을 예치자에게 배분해 주는 실적형 간접 투자상품이다. 이들 상품은 전문적인 금융기관이 국공채 위주로 자 금을 운용하기 때문에 매우 안전하다.

06

회사채는 반드시 신용등급을 확인하라

채권투자의 경우 개인투자자에게 적합한 직접투자전략은 크게 만기보유전략*과 채권수익률(금리) 예측전략이 있다.

만기보유전략은 채권을 만기까지 보유하여 채권 매입시점의 채권수익률을 실현하는 단순한 전략으로 채권수익률 예측이 특별히 필요하지 않아 채권투자 초보자에게 적합하다.

채권수익률 예측전략은 보유한 채권을 만기 전에 매매함으로써 이자소득 외에 채권수익률 변동에 따른 매매차익을 얻고자 하는 적극적인 투자전략이다. 다시 말해, 채권수익률과 채권가격은 반비례 관계에 있으므로 채권수익률이 높아 향후 수익률 하락이 예상되는 시점에서 채권을 싸게 매입해 두었다가, 채권수익률이 하락하여 채권 가격이 비싸진 시점에 매도함으로써 매매차익을 실현하는 전략이다. 하지만 금리변동이 예상과는 다른 방향으로 움직였을 경우에는 매매손실을 감수해야 한다.

채권수익률 예측전략은 개인투자자의 경우 생각보다 매매차익을 실현하기가 쉽지 않다. 우선 향후 채권수익률을 정확히 예측하기가 어렵고, 증권회사와 채권매매에 따른 수수료 발생 등으로 기대했던 매매차익의 폭이 줄어들 수 있기 때문이다. 하지만 수익률 예측이 맞는다면 만기보유전략보다 높은 투자수익률을 실현할 수 있는 매력이 있다.

회사채 신용등급이 중요하다

채권은 보증 유무에 따라 원리금지급을 발행회사 이외의 제3자가 보장하는 보증사채와 보증기관 없이 발행회사가 자기신용을 근거로 발행하는 무보증사채*로 나눌 수 있다. 우리나라의 경우 IMF 외환위기 이전에는 보증사채의 비중이 대부분이었으나, 이후에는 보증금융기관의 신뢰문제가 대두되면서 무보증사채가 사채발행의 대부분을 차지하게 되었다.

회사가 무보증사채를 발행하기 위해서는 투자자보호를 위해 2개 이상의 신용평가회사로부터 신용평가를 받아야 한다. 신용평가등급은 회사채 투자시 채무불이행 위험을 판단하는 주요 지표로 사용된다. 원리금의 적기상환 능력에 따라 결정되는 신용등급은 투자적격등급(AAA, AA, A, BBB)과 투기등급(BB, B, CCC, CC, C, D)으로 구분된다. 투자적격등급은 채무이행에 문제가 없는 경우이고 투기등급은 자칫하면 이자는 고사하고 원금도 찾지 못할 위험이 있는 경우다.

투자하려는 채권의 신용평가등급은 신용평가기관에서 발간하는 주간, 월간 보고서나 인터넷사이트, 각종 경제지 등을 통해 언제든지 확인할 수 있다(한국신용정보 www.nice.co.kr, 한국신용평가 www.kisrating.com, 한국기업평가 www.kmcc.com, 서울신용평가정보 www.sci.co.kr 등).

발행회사는 신용등급이 높을수록 원리금 상환 여부에 대한 위험이 낮아지므로 채권을 발행할 때 낮은 수익률을 제시하여 금융비용을 줄일 수 있다. 투자자 입장에서도 투자위험이 낮은 채권에 대해서는 돈을 떼일 염려가 적기 때문에 위험보상에 대한 대가를 적게 요구하고 채권수익률이 낮더라도 이러한 채권을 선호한다.

따라서 무보증 회사채에 관심 있는 개인투자자는 가급적 투자적격등급 내의 채권으로 투자 범위를 좁혀 위험을 관리하는 것이 중요하다. 또 동일한 신용등급의 채권이라도 채권별 또는 판매하는 증권회사별로 채권수익률이 조금씩 다를 수 있기 때문에 몇 군데를 비교하여 동일한 신용등급 중에서도 높은 채권수익률을 제시하는 채권을 선택하는 것이 바람직하다. 특히 대부분의 개인투자자들은 채권을 만기까지 보유하는 경우가 많기 때문에 채권투자시에는 신용등급을 꼼꼼하게 살피는 것이 무엇보다 중요하다.

07

채권형 펀드에 투자하면 더 안전하다

개인투자자의 간접투자방법인 채권형 펀드에 투자한 투자자의 수익은 가입 당시의 금리와 찾을 때의 금리 차이에 따른 자본손익, 가입 기간 동안 편입된 채권으로부터 발생하는 경과이자 수입 두 가지로 구성된다. 채권형 펀드 역시 시가평가제도 도입으로 주식형 펀드처럼 채권수익률 변동에 따라 매일 펀드수익률이 변한다. 따라서 투자 수익을 높이기 위해서는 향후 채권수익률 예측에 기초한 가입·환매 시점 선택이 성공적인 투자를 위해 중요하다.

채권시가평가제도*는 투자신탁회사의 수익증권, 은행의 신탁상품 등 금융상품에 편입된 채권을 장부가격이 아닌 시장에서 거래되는 실제 가격으로 주식처럼 매일 평가하는 제도다.

즉 매일 채권시가평가 전문기관이 발표하는 시가평가기준 수익률에 근거해서 각 해당 금융기관의 채권평가위원회가 적정 가치로 산출한 기준 수익률을 채권형 펀드를 구성하는 각 채권의 가격계산에 적용하므로 채권형 펀드의 기준 가격이 매일 달라진다.

채권직접투자와 마찬가지로 채권수익률이 향후 하락할 것으로 예상되는 시점, 즉 채권가격 상승이 예상될 때가 채권형 펀드의 가입 적기이며, 채권수익률이 하락하여 향후 상승할 것으로 예상되는 채권수익률 바닥 시점이 환매 적기다. 금리상승기에 채권형 펀드는 원금손실 가능성이 높다. 따라서 채권형 펀드 가입 이후 채권수익률이 상승하면, 채권형 펀드는 이러한 가격하락 부분이 반영되어 펀드 환매시 투자자가 손실을 볼 수도 있다.

채권시장은 주식시장과는 달리 소액거래보다는 대규모로 거래되는 특성이 있어 소액으로 채권을 분산투자하기가 어렵다. 따라서 채권형 펀드에 가입해서 간접투자하는 것도 좋은 방법이다. 하지만 펀드를 선택하기에 앞서 펀드에 대한 신중한 분석이 필요하다.

채권운용사별로 과거수익률을 비교해 보고, 펀드매니저별로 어떤 성향을 갖고 있는지, 또한 주로 어떤 채권을 펀드에 편입시켜 운용하는지 등을 가장 먼저 알아보고 펀드 가입 전에 담당 영업직원과 충분한 상담을 갖는 것이 바람직하다.

08

주택·자동차 채권 매매시 유의사항

상당수의 사람들이 부동산이나 자동차를 구입할 때 의무적으로 매입한 채권을 중간 대행업자를 통해 매도한다. 이때 채권이 자신도 모르게 싼 값으로 매도되어 금전상 손실을 보는 경우가 많다. 이에 거래소는 일반 국민이 부동산 등기나 자동차 등록을 위해 매입한 채권을 제 값 받고 팔 수 있도록 하기 위해 '소액국공채시장'을 개설했다. 이 시장에서는 이들 채권에 대한 공정한 시장가격을 일반에 공표한다.

부동산 구입시

모든 국민은 부동산을 살 때, 의무적으로 제1종 국민주택채권을 구입해야 한다. 이 채권은 준조세 성격으로 '첨가소화채권'이라고도 하는데, 만기 때에만 원금과 이자를 받을 수 있는 복리채이며, 5년 만기에 표면금리 3%인 채권이다. 일반적으로 부동산 구입시, 등기 관련 업무를 대부분 법무사에게 일임하는 관계로 이러한 채권을 구입해서 처분했는지조차 모르는 경우가 많다.

제1종 국민주택채권을 사야 하는 금액은 매입하려는 부동산의 시가표준액에 따라 달라진다. 예를 들어 시가표준액이 1억 6,000만 원 이상 2억 6,000만 원 미만인 특별시·광역시의 주택은 시가표준액의 2.3%에 해당되는 채권을 사야 한다. 예컨대 아파트의 시가표준액이 2억 원이라면 이 금액의 2.3%인 원금 460만 원의 채권을 사야 하는 것이다. 시가표준액은 구청이나 국세청 인터넷 홈페이지에서 확인할 수 있다.

채권 매도가격은 민원행정기관(구청 등)에 나와 있는 지점이나 출장소를 포함한 국민은행 본·지점에서 쉽게 알 수 있다. 이때 민원인은 의무매입금액과 매도금액의 차액만큼만 지불하면 된다. 이렇게 제1종 국민주택채권을 국민은행에서 매입함과 동시에 팔고 나면 영수증을 받게 되는데, 영수증에 적힌 채권번호를 법무사에 알려주어야 법무사가 부동산을 등기할 때 관련 서류에 해당 채권번호를 기재하여 등기를 할 수 있게 된다. 따라서 부동산등기시 의무적으로 매입해야 하는 제1종 국민주택채권을 국민은행에서 직접 처분하면 법무사에게 지급하는 일정 수수료 부분을 절약할 수 있다.

자동차 구입시

자동차를 살 때는 의무적으로 지방도시철도 채권(특별시·광역시)이나 지역개발채권(기타 지역)을 구입해야 자동차등록을 할 수 있다. 이 채권은 부동산 구입시 의무적으로 사야 하는 제1종 국민주택채권처럼 준조세 성격으로 '첨가소화채권'이라고도 한다. 만기 때에만 원금과 이자를 받을 수 있는 복리채이며, 5년 만기 표면금리 2.5%인 채권이다. 단 서울도시철도채권의 만기는 7년이다.

자동차 구입시, 등록 관련 업무를 대부분 자동차 영업사원에게 일임하기 때문에 이 채권의 유무를 잘 모르는 경우가 많다. 지방도시철도채권을 사야 하는 금액은 구입하려는 자동차의 배기량에 따라 달라진다. 예컨대 특별시 광역시에서 배기량 2,000cc 미만 자동차를 등록하려면 차량 가격의 12%에 해당하는 채권을 사야한다. 즉 배기량 2,000cc 미만인 차량 가격이 2,000만 원이라면 이 금액의 12%인 240만 원의 채권을 사야 한다.

서울시민의 경우 서울도시철도채권을 우리은행에서 매입 즉시 매도할 수 있다. 자동차를 등록하려는 각 구청 교통행정과에 문의하면, 의무적으로 매입해야 하는 채권의 금액을 알 수 있다. 서울도시철도채권의 처분을 우리은행에 문의하면, 처분에 필요한 차액을 알려주며, 이 차액만 은행에 지급하면 된다.

이때 은행으로부터 채권매입필증과 공채매도확인서를 받는데, 공채매도확인서는 직접 보관하고 채권매입필증은 자동차 영업사원에게 주면 자동차를 등록할 때 관련 서류에 첨부하여 등록할 수 있게 된다. 따라서 자동차 구입시 의무매입 해야 하는 지방도시철도 또는 지역개발채권을 해당 채권과 연계된 은행에서 직접 처분하면 자동차등록 관련 비용을 절약할 수 있다.

채권투자자가 꼭 알아야 할 세 가지 원칙

표면금리가 낮은 채권이 좋다

채권투자를 할 경우 채권수익률과 표면금리, 두 가지를 이해해야 한다. 표면금리는 채권의 권면에 기재된 이율로 발행회사가 채권자에게 채권 액면금액에 대해 연 단위로 지급해야 하는 확정된 이자다. 반면 채권수익률은 채권에 투자해서 얻을 수 있는 투자수익률을 의미하는 것으로 투자자가 실제로 얻는 수익률이다.

채권투자가 은행예금보다 좋은 것 가운데 하나는 세금 측면에서 유리하기 때문이다. 은행정기예금은 일정 기간 동안 발생한 이자소득을 과세표준으로 하여 세금을 부과하지만, 채권에서 얻은 수익은 채권수익률에 의한 수익이라 표면이자로 지급받은 수익에 대해서만 세금이 부과되기 때문에 표면금리가 낮을수록 세후 수익률이 높다.

따라서 증권회사에서 판매하는 동일한 만기와 동일한 신용등급의 채권 중에서 채권수익률은 높고 표면금리가 낮은 채권을 선택해야 높은 세후 수익을 기대할 수 있다. 표면금리가 높은 채권일수록 실제 소득과 무관하게 많은 세금을 내야 하기 때문에 똑같은 수익률을 가진 채권을 사더라도 표면금리가 낮은 상품을 선택하는 것이 세금을 절약하는 길이다.

채권수익률이 7%로 동일하고 표면금리만 다른 A채권(표면금리 1%)과 B채권(표면금리 3%)의 세후 수익률을 비교하여 계산해 보자. A채권이 실제로 실현한 세전 소득은 7%이지만, 세금은 표면이자로 실현한 1%에 대해서만 부과되므로 세후 6.8%의 수익률을 얻을 수 있다. 반면 B채권은 7%의 세전 소득을 얻지만 세금은 표면이자 3%에 대해 부과되기 때문에 세후 6.5%의 수익률에 만족해야 한다.

채권 특별판매 시기를 이용하라

증권회사들은 종종 개인투자자를 대상으로 채권을 특별판매한다. 자투리 채권이나 상품으로 보유하고 있는 채권을 자금사정상 긴급히 처분하거나 고객서비스 차원에서 비정기적으로 판매하는 경우가 많다. 이때 고객에게 제시하는 채권수익률은 시장 실세금리보다 다소 높다. 특별판매 물량은 판매하는 증권회사 사정에 따라 한정된 물량 범위 내에서만 판매하기 때문에 거래하는 증권회사 직원에게 특별판매가 있을 경우 연락해 달라고 미리 부탁해 두어야 한다.

거의 모든 종류의 주식은 증권회사를 통해 구입할 수 있지만, 채권은 거래하려는 증권회사가 보유한 채권 범위 내에서만 구입할 수 있다. 따라서 우량채권을 많이 보유하고 있는 증권회사를 찾는 일이 중요하다. 현재 상당수의 증권회사가 신규 고객확보 및 기존 고객에 대한 서비스 차원에서 좋은 조건으로 우량채권을 판매하는 경우가 많은데, 이런 기회를 활용하는 것이 바람직하다.

개인은 기관투자자보다 비싸게 채권을 산다

증권회사는 채권시장에서 채권발행 회사로부터 거액의 채권을 인수하여 투자신탁* · 은행신탁 등 기관투자자에게 채권을 매도함으로써 수수료 수입을 실현하는 도매상 역할을 한다. 개인투자자들이 선호하는 소액 규모 채권투자의 경우 증권회사가 보유하고 있는 채권을 직접 매입하는 형식이므로 증권회사 입장에서는 도매로 인수한 가격에 일정한 이익을 얹어 판매한다.

　따라서 증권회사에서 개인투자자에게 제시하는 채권수익률은 언론에서 발표하는 수익률보다 낮다. 즉 신문에 실린 채권수익률은 6%인데, 증권회사에서는 이보다 낮은 5%대에서 채권을 판매한다. 언론을 통해 개인투자자가 접하는 채권수익률은 기관투자자 간에 거래할 때 적용되는 수익률이기 때문이다. 보통 기관투자자 간의 채권매매 단위는 100억 원 이상이다. 따라서 100억 원 미만의 채권은 기본거래 단위가 되지 못해 유동성이 떨어져 상품성이 낮아지는데, 증권회사는 이에 대한 위험을 개인투자자에게 제공하는 채권수익률에 반영해서 판매하는 것이다. 이렇듯 개인투자자가 증권회사에서 채권을 매수하는 경우, 공표된 기관 간 채권수익률보다 낮은 수익률(높은 가격)로 매수하고, 매도시에는 높은 채권수익률(낮은 가격)로 매도하게 된다.

신기한 복리 72법칙

세계 금융의 중심지, 뉴욕의 맨해튼은 땅값이 비싸기로 유명하다. 이 땅은 원래 미국 인디언들의 소유였는데, 1626년 영국계 청교도들이 인디언들로부터 단돈 24달러에 맨해튼을 사들였다. 지금의 금싸라기 땅 맨해튼을 보면, 당시의 인디언들이 어리석었다고 비웃을 수도 있을 것이다. 그러나 전설적인 투자자 피터 린치의 생각은 다르다. 당시 인디언들이 받은 24달러를 연 8%의 채권에 복리로 투자했다면 363년이 지난 1989년에 그 가치는 30조 달러가 넘는다고 한다. 반면에 맨해튼 전체 땅값은 1989년 현재 600억 달러에도 못 미친다고 하니 누가 더 현명했는지는 자명하다.

피터 린치의 분석은 이른바 72법칙과 통한다.

72법칙은 채권에 투자한 자금(원금)이 두 배로 증가되는 데 얼마의 시간이 걸리는지, 또는 일정 기간 내에 투자원금이 두 배가 되려면 수익률이 얼마가 되어야 하는지를 계산하는 데 사용되는 간단한 공식이다. 즉 72를 복리수익률로 나눈 값이 바로 원금이 두 배로 늘어나는 데 걸리는 기간을 의미하며, 72를 희망 기간으로 나누면 그 기간 내에 원금이 두 배가 되는 데 필요한 수익률을 계산할 수 있다. 예를 들어, 복리수익률이 연 6%라면 투자원금이 두 배가 되는 데 걸리는 기간은 12년(72÷6)이다. 또한 6년 안에 원금이 두 배가 되기 위해서는 연 12%(72÷6)의 수익률이 되어야 한다. 실제로 복리이자 계산공식에 대입해도 같은 답이 나온다.

마찬가지 원리로 현재의 물가가 두 배 오르는 데 걸리는 시간을 알고 싶으면 72법칙을 예상 물가상승률로 나누면 된다. 즉 물가상승률이 10%이고 현재의 생활비가 100만 원이라면 7년 뒤에는 두 배인 200만 원, 그 후 7년 후에는 네 배인 400만 원, 그 다음 7년 뒤에는 800만 원의 생활비가 든다는 뜻이다. 결국 수입이 물가상승률을 따라잡지 못한다면 우리 생활 수준은 날이 갈수록 악화될 것이다. 이는 우리가 재테크를 할 때 물가상승률을 반드시 감안해야 함을 알려준다. 그런데 주식투자자들은 대부분 큰 돈을 벌겠다는 일종의 대박 심리를 갖는 경우가 많기 때문에 72법칙을 따르기가 쉽지 않다. 보유종목이 한번 상한가를 기록하면 단번에 15%의 수익률을 올릴 수 있고, 이틀만 상한가를 쳐도 30% 수익률을 기록할 수 있기 때문에 연 수익률 30%도 대단하게 생각하지 않는 경우가 많다. 그러나 주식투자에는 손실위험도 존재하기 때문에 최근 투자자들의 성향에도 변화가 생겨 조급한 투자로 손실을 보기보다는 꾸준히 조금씩 투자하는 적립식 투자가 증가하고 있다.

72법칙은 다음과 같은 메시지를 전달해 준다.

첫째, 복리는 최대한 빨리 시작해서 오랜 기간 투자해야 한다는 교훈을 준다. 지금은 부자가 아닐 수 있지만 10년 후, 15년 후에는 부자가 될 수 있다.

둘째, 너무 높은 수익률을 위해 위험이 큰 투자 수단에 투자하기보다는 적절한 수익률 정하고 투자 수단을 몇 가지로 나누어 위험을 줄이는 투자에 임하라.

셋째, 부자는 하루아침에 태어나지 않으며 꾸준한 재테크를 통해 탄생한다는 사실을 명심하라.

넷째, 신데렐라가 되겠다는 대박의 꿈에서 벗어나라. 자신에게 주어진 일에 최선을 다하고 목표를 향해 꾸준히 정진할 때에야 비로소 부자가 될 수 있다.

CHAPTER 6

선물거래로
고수익에 도전한다

선물은 현물의 불확실성을 제거한다

우리는 흔히 일상생활에서 물건을 구입함과 동시에 대금을 지불하는 경제활동을 하고 있는데, 이를 현물거래라고 한다. 반면에 선물거래*는 미리 매매대상, 가격, 수량, 매매 시점 등을 정하여 매매계약을 체결하고, 미래의 특정 시점에 물건의 수수와 대금의 결제를 이행하는 것을 말한다.

그러나 개인 간에 이러한 계약을 체결하려 한다면 거래상대를 직접 찾아서 계약조건을 맞추어야 하고, 물건의 인수·인도 시점에 물건 가격이 큰 폭으로 급등락 했을 때 거래당사자 중 어느 한쪽이 계약을 이행하지 않을 수도 있다. 거래소는 이런 위험을 방지하기 위해 계약이행을 보증하고 계약조건을 표준화하여 투자자가 안전하고 편리하게 거래할 수 있도록 하고 있다.

만약 금세공업자 갑동이가 1년 후 사업에 사용할 금 1kg을 금도매업자 갑순이로부터 1,000만 원에 사기로 계약했다면 1년 후에 갑동이는 1년 전 계약한 1,000만 원에 금을 사야 하고, 갑순이는 이 금액으로 팔아야 할 의무를 갖는다. 따라서 갑동이는 사업에 필요한 금을 1년 후에 틀림없이 살 수 있게 되고, 갑순이는 팔리지 않을지도 모르는 금을 확실히 팔 수 있게 된다. 이 같은 거래형태가 선물거래인데, 현물가격 변동에 따른 경제적 불확실성을 피하기 위해 만들어진 상품인 것이다.

금선물의 거래대상인
1kg 골드바(gold bar)

선물시장은 최초에 옥수수, 콩, 밀가루 등 곡물의 가격변동 위험을 관리하기 위해 미국에서 탄생했다. 곡물, 금속, 에너지 등 일반 상품을 대상으로 하는 선물계약을 상품선물이라고 한다. 국내에는 금선물이 유일하게 상장되어 있다. 국내 금선물은 흔히 24k라고 말하는 순도 99.99%의 금을 거래대상으로 하며 1kg이 거래단위다.

금선물은 귀금속제조업, 전기·전자업 등 금 수요자에게는 일정한 가격으로 금을 미리 구매함으로써 미래의 가격상승에 대비하고, 금을 보유하고 있는 은행이나 금도매업자에게는 가격하락에 대비해 미리 팔 수 있도록 하는 위험관리 수단으로 활용된다. 아울러 금에 대한 관심이 높은 투자자들은 금가격을 미리 예측하여 실제 금이 아닌 금선물을 거래함으로써 주식, 부동산 등과 같은 투자 수단으로 활용할 수도 있다.

미국달러선물의 거래대상인 미국달러

한편 1972년 환율제도가 고정환율제도에서 변동환율제도로 바뀌면서 무역업자는 수출입대금이 환율이라는 외적 환경에 좌우되는 등 사업운명에 큰 어려움을 겪었다. 이러한 환율변동 위험을 피하기 위해 등장한 것이 통화선물이다.

우리나라는 2004년 국민총소득(GNI) 기준으로 세계 11위의 경제대국이고, 미국과의 교역 규모는 세계 7위를 기록하고 있다. 이처럼 수출입의 비중이 높은 우리 경제에 환율이 미치는 영향은 매우 크다. 1997년 외환위기 이후 국내에서는 환율변동 위험의 관리를 위한 금융상품 필요성을 인식하게 되어, 1999년 미국달러선물이 국내에 상장되었다. 미국달러선물은 미국달러를 일정 가격으로 미리 사거나 팔아둠으로써 미래에 발생하는 환율변동 위험을 제거하는 금융상품이다.

수출업자의 경우 수출계약을 체결하고 물건을 보내는 시점과 실제로 물건 값을 달러로 받게 되는 시점 간에는 환율 차이가 발생하는데, 이때 통화선물거래를 이용하면 환율변동 위험을 피할 수 있다.

국채선물의 거래대상인 국고채

또한 1973~74년에 일어난 석유파동으로 세계 각국은 높은 인플레이션과 함께 국제금리의 극심한 변동을 경험한 바 있다. 이처럼 극심한 금리변동에 따른 피해에서 벗어나고자 고안된 것이 금리 또는 채권선물이다.

국내의 대표적인 채권선물은 3년 국채선물이다. 3년 국채선물은 정부가 발행하는 국채를 거래대상으로 하는데, 3년 만기에 연이율 8%, 6개월 이자지급주기를 가지고 있는 1억 원짜리 국고채권이 거래대상이다.

3년 국채선물 외에 거래소에 상장되어 있는 채권·금리선물*로는 5년 국채선물, 통안증권금리선물, CD 금리선물 등이 있다.

02

수익이 높은 대신 위험도 높다

선물거래는 주식, 채권 등과 함께 투자 수단으로 활용된다. 거래대상물의 미래가격을 잘 예측하여 가격이 오를 것으로 판단되면 선물을 사고, 내릴 것 같으면 선물을 판 후 예상대로 가격이 움직이면 반대매매*하여 이익을 얻는 것이다.

가격이 하락해도 이익

일반적으로 사람들은 주식이나 부동산과 같은 현물투자에 익숙하기 때문에 투자를 해서 수익을 올린다고 하면 가격상승을 통한 이익으로만 국한해서 생각하는 경향이 많다. 낮은 가격에 주식을 매수한 후 높은 가격에 주식을 매도해 이익을 취하는 것이 여기에 해당한다. 그러나 선물거래는 주식거래와 달리 가격이 하락해도 이익을 볼 수 있다.

예를 들면 갑동이가 1개월 후 수박 1덩이를 1만 원에 파는 매도계약을 체결했다고 하자. 그런데 1개월 후의 수박가격이 5,000원으로 하락했다면 갑동이는 5,000원에 수박을 사다가 1만 원에 인도함으로써 5,000원의 이익을 남길 수 있다. 이렇듯 선물거래는 가격상승은 물론 가격이 하락하는 경우에도 똑같이 이익을 얻을 수 있다. 선물거래는 가격이 상승할 것인가 또는 하락할 것인가의 가격방향을 예측하여 매수 또는 매도계약을 체결함으로써 수익을 올릴 수 있는 방향성 매매라는 특징이 있다.

높은 수익률과 손실률

선물거래에서는 실제 거래금액 중 10~15% 정도의 증거금(margin)만 있으면 되므로 투자금액에 비해 이익과 손실이 크게 나타나는 레버리지(leverage) 효과*가 있다.

증거금이란 계약금과 비슷한 개념으로 선물계약 이행을 위한 보증금과 같다. 수박에 대한 현물거래와 선물거래를 가정해 보면 현물거래는 1덩이당 1만 원의 수박 100덩이를 사려면 100만 원을 지급해야 한다. 그러나 수박 100덩이를 매수하는 선물계약은 만기일 이전에는 증거금만 내면 된다. 만약 증거금이 10%라면 10만 원으로 선물계약을 체결할 수 있다.

이때 수박가격이 1덩이당 1,000원 상승했다면 현물거래자는 100만 원을 투자해 10만 원의 이익을 얻는 반면, 선물거래자는 10만 원을 투자해 10만 원의 이익을 얻게 된다. 반대로 1덩이당 1,000원 하락한다면 현물거래자는 10만 원의 손실이 발생하고 선물거래자는 투자원금 10만 원을 모두 날리게 된다. 이처럼 선물거래는 증거금제도로 인해 현물거래보다 투자금액이 적지만 손익 규모는 동일하기 때문에 레버리지 효과가 높다.

제로섬 게임 : 매수자와 매도자의 손익의 합은 0이다

주식과 같은 현물거래는 가격이 상승하면 주식을 보유하고 있는 대부분의 투자자들이 이익을 얻고, 반대로 가격이 하락하면 대부분의 투자자들이 손실을 보게 된다. 그러나 선물거래는 가격이 상승하거나 하락하더라도 선물시장에 참여한 전체 투자자 손익의 합은 제로(0)가 된다.

예를 들면 갑동이와 갑순이가 1년 후 3만 원에 사과 1상자를 매매하기로 계약을 맺었는데, 막상 1년 후에 사과 1상자 가격이 2만 원으로 떨어진다면 매수자는 1만 원의 손해를, 매도자는 1만 원의 이익을 보게 된다. 다시 말해 축구 경기서 한팀이 1:0으로 이겼으면 반드시 상대팀은 0:1로 져야 하는 이치와 같다. 이와 같이 선물거래는 매수자와 매도자 양자의 이익과 손실을 합치면 '0'이 된다고 하여 제로섬게임(zero-sum game)이라 말하기도 한다.

03

선물거래와 주식거래의 제도상 차이점

기본적으로 선물거래는 주식거래와 유사하다. 그러나 선물거래는 주식과 같은 현물에서 파생된 상품을 거래하는 것이므로 여러 가지 제도상의 차이점이 있다. 선물거래 제도의 주요 특징은 증거금, 일일정산, 최종결제* 등을 꼽을 수 있다.

선물거래는 기간이 정해져 있다

주식거래의 기본단위는 '주' 이지만, 선물거래의 기본단위는 약속을 뜻하는 '계약' 이다. 그리고 1계약이 얼마만큼의 거래 규모를 갖는지 각 상품별로 미리 정해놓는다. 예를 들어 금선물 1계약은 금괴 1kg, 미국달러선물 1계약은 미화 5만 달러 등으로 정해 놓는다. 즉 선물 시장에서 '금선물 10계약을 얼마에 매수했다' 라는 의미는 현물시장에서 '금괴 10kg을 미리 얼마에 사두었다' 라는 의미와 같다.

현물인 주식은 유효기간이 정해져 있지 않은 데 비해 선물은 상품의 유효기한, 즉 거래 가능한 최종일이 존재한다. 가령 삼성전자 주식은 회사가 망해 없어지지 않는 이상 계속 존재하지만 '코스피 200 선물 2006년 3월물' 이라는 선물종목은 최종거래일인 2006년 3월 두 번째 목요일까지만 거래되고 그 후에는 존재가 없어진다. 이 같은 기간별 제한에 따라 한 상품이 여러 종목으로 나뉘게 된다. 예를 들어 '코스피 200 선물' 이라는 하나의 상품은 '2006년 3월물', '2006년 6월물', '2006년 9월물', '2006년 12월물' 등과 같이 최종거래일이 속한 월을 기준으로 '종목' 이 세분화된다.

증거금제도

선물시장은 주식시장과 마찬가지로 누구나 자유롭게 참여할 수 있다. 그런데 앞에서 살펴본 바와 같이 현재 시점에서는 계약만 체결하고 그 계약의 이행은 미래의 일정 시점에 이루어지는 것이 선물거래다. 따라서 다음과 같은 의문, 즉 선물시장은 불특정 다수가 참여하는 시장이므로 서로 상대방의 신용도를 모르는 상태에서 체결된 선물계약이 정해진 기일에 가서 계약 쌍방 간에 원활히 이행될 수 있을까 하는 의구심이 생긴다.

왜냐하면 미래에 거래대상물 가격이 어떻게 변동될지 모르는 상황에서 계약을 체결했다가 가격이 크게 변동하면 계약당사자 중 어느 한 사람은 반드시 큰 손실을 볼 것이고 그 사람이 계약을 이행하지 않을 가능성도 있기 때문이다.

　그래서 거래소는 선물거래 당사자 간에 의무사항을 확정하고, 그 이행을 보장하는 장치로 일정 금액의 보증금을 요구하는 증거금제도를 두고 있다. 거래소는 상품별로 개시증거금*, 유지증거금, 추가증거금 등의 제도를 마련해서 선물거래의 안정성을 확보하고 있다. 개시증거금은 최초 선물거래를 할 때 납입해야 하는 금액이며, 유지증거금은 선물거래를 하는 동안 최소한 유지해야 하는 수준의 증거금이다. 마지막으로 추가증거금은 고객의 증거금이 유지증거금 이하가 될 경우 개시증거금까지 다시 채우도록 요구하는 금액을 말한다.

일일정산제도

선물거래는 거래금액보다 매우 적은 금액의 증거금만으로도 계약이 체결된다. 그런데 선물시장에서 거래되는 상품의 가격은 고정된 것이 아니라 계속 변하므로 이 증거금이 계약이행을 보장하기 위한 보증금으로서의 기능을 계속할 수 있도록 하기 위한 제도적 장치가 필요하다. 예를 들어 선물매수자가 계약체결 이후 최종결제 시점까지 이 계약을 유지한다고 가정해 보자. 선물가격이 계속 떨어지는 상황이라면 최종결제시에 가격이 낮아진 거래대상물을 그보다 높은 가격으로 사야 하는 상황이 발생할 것이다. 이 경우 일부 선물거래자는 약속을 이행하지 않으려는 유혹에 빠질 수도 있다.

　선물거래는 높은 레버리지 효과 때문에 이익도 크지만 손실도 크므로 결제불이행의 위험이 매우 크다. 따라서 거래소는 이러한 결제불이행 소지를 미연에 방지하기 위해 매일 매매거래가 종료된 후 정산가격인 선물종가를 기준으로 증거금을 관리한다. 즉 선물계약이 체결된 이후 이 선물계약에 대해 매일 당일의 정산가격으로 손익을 계산해서 증거금에 반영하고, 누적된 손실로 증거금의 금액이 일정 수준 밑으로 떨어지면 추가로 증거금을 납입하도록 함으로써 증거금을 충실화시킨다.

이러한 절차를 일일정산(daily marking to market)이라고 하는데, 선물거래에서 일일정산을 하는 이유는 매일 손실이 누적되어 최종결제시 투자자가 누적손실액을 감당하지 못할 수준에 이르면 결제불이행 사태가 야기될 수 있어, 이를 미연에 방지하기 위해서다.

최종결제

선물거래는 계약체결 이후에 선물계약을 중도에 반대매매하지 않고 만기까지 유지하는 경우 최종적으로 계약을 이행해야 하는 절차가 있다. 이를 최종결제라고 하는데, 최종결제 방법에는 실물인수·인도(physical delivery)와 현금결제(cash settlement)* 두 가지가 있다. 실물인수·인도 방식은 매수자와 매도자가 사전에 정한 선물가격으로 거래대상물을 실제로 주고받는 방식이다. 현금결제는 매수자와 매도자가 만기일의 현물가격과 사전에 약정한 선물가격의 차이를 현금으로 수수하는 방식이다.

최종결제방법은 거래대상 자산의 인수·인도가 용이한지 여부와 투자자의 선호 등에 따라 결정되는데, 거래소는 금선물 등 상품선물과 미국달러선물은 실물 인수·인도 방식을, 주가지수선물*과 옵션은 현금결제방식을 채택하고 있다.

04

성공적인 선물거래를 위한 다섯 가지 황금률

선물거래는 기본적으로 미래의 불확실성을 피하기 위해 고안되었지만 많은 투자자들이 미래가격 예측을 통해 이익을 얻고자 선물거래에 참여하고 있다. 선물거래의 저변이 확대되면서 많은 개인투자자들이 시장에 참여하고 있다. 선물투자시 전문가들이 공통적으로 조언해 주는 사항을 참고한다면 실패의 위험을 줄이고 성공의 가능성을 키울 수 있을 것이다.

자신만의 선물투자 계획을 고수하라

선물투자를 하기 전에 자신의 투자자금 한도를 설정하고 투자 비중 등을 결정한 후 사전에 정한 원칙을 고수하며 투자에 임해야 한다. 또한 어느 정도 이익을 확보했을 때는 이익을 취하고, 손실을 입었을 때는 손실을 최소화하는 자신만의 계획을 설정해야 한다. 시장의 흐름에 휩쓸리거나 다른 사람의 의견에 따라 원칙을 어기고 투자한다면 상대적으로 위험이 높은 선물투자에서 쉽게 실패할 것이다.

시장의 흐름을 따르라

다른 투자와 마찬가지로 선물투자도 시장의 흐름을 파악하는 것이 중요하다. 단기적인 상승과 하락에 집착하여 거래하다 보면 전반적으로 상승하는 장에서 매수 포지션을 잡고서도 단기하락에 휩쓸려 많은 이익을 취할 기회를 놓치기도 하고, 반대로 하락하는 장에서 일시 가격이 오를 때 매수 포지션을 잡았다가 낭패를 볼 수도 있다. 선물거래는 시장의 흐름과 추세를 잘 판단하고 그에 따라 투자하는 것이 중요하다.

쉬는 것도 훌륭한 투자전략이다

투자에 한 번 성공하면 계속 수익을 올릴 수 있을 것 같은 자신감에 도취되어 투자금액도 커지고, 예측이 어려운 상황에서도 높은 위험을 감수하며 계속 투자하는 경우가 있다. 또한 투자에 실패해서 손실을 입게 되면 손실을 만회하기 위해 비이성적으로 투자하게 되고, 급기야 도박하는 심정으로 매매하는 경우도 있다. 투자도 일하는 것과 마찬가지로 휴식을 취해 시장을 객관적으로 볼 수 있는 시야를 갖는 것이 필요하다. 특히 큰 수익을 올렸거나 손실이 났을 때는 더욱 그렇다.

투자자금을 한 번에 증거금으로 사용하지 말라

과도한 포지션은 한 번의 거래실패로 재기불능 상태에 빠질 수 있다. 선물거래는 거래대상 금액의 일부인 증거금만으로 거래가 가능하다. 예를 들어 코스피 200 선물은 거래대상 금액의 15%만 증거금으로 납입하고 거래할 수 있다.

만약 자신이 설정한 투자자금을 모두 증거금으로 사용했을 때 자신이 투자한 것과 반대로 시장이 움직인다면 단 며칠 만에 모든 자금을 잃을 수도 있다. 또한 자금 여유가 없기 때문에 자신의 전략을 구사할 기회가 줄어들 뿐만 아니라, 마음의 여유도 잃어버려 올바른 투자판단을 내릴 수가 없게 된다. 따라서 개인투자자가 선물거래에 투자할 때에는 손실에 대비한 여유자금을 남겨놓고 시장에 참여해야 한다.

모의투자로 경험을 쌓아라

선물 및 옵션거래는 위험이 큰 시장이기 때문에 투자 관련 지식뿐 아니라, 투자경험을 쌓는 것도 중요하다. 이론적으로 배운 투자원칙이나 요령 등을 모두 실천할 수 있다면 투자에 쉽게 성공할 수 있으나 실상은 그렇지 못하다.

자신의 성격이나 습관을 감안한 투자방법을 발견하기 위해서는 실제로 투자에 참여해 보는 것이 가장 좋다. 하지만 초보자들이 거금을 들여 트레이딩을 경험하는 것은 부담스러운 일이다. 다행스럽게도 이런 초보자들을 위해 증권회사, 선물회사 및 기타 많은 선물·옵션 투자 사이트에서 모의투자시장을 운영하고 있어 이를 적극적으로 활용하는 것이 좋다. 모의투자란 사이버머니를 가지고 코스피 200 선물 및 옵션 등의 상품에 투자하는 것을 말한다. 물론 사이버머니이기 때문에 실제 금전적인 이익이나 손실은 발생하지 않는다. 그러나 이러한 모의시장은 실시장과 동일하게 운영되기 때문에 투자경험을 통해 사소한 실수를 예방할 수 있을 뿐 아니라, 자신의 투자습성을 가늠해 볼 수 있는 좋은 기회가 된다.

간혹 증권사 등에서 모의투자대회를 개최해서 수익률이 높은 사람에게 시상을 하기도 하니 이를 잘 활용하면 일석이조의 효과를 거둘 수도 있다. 다만 모의투자의 성격상 실제 손익이 발생하지 않아 가볍게 투자할 수 있다는 단점이 있다. 실제로 자신의 자금이 투입될 경우에는 투자에 대한 판단이 흐려지는 것이 다반사이기 때문에 모의투자라 할지라도 실전처럼 진지하게 임하는 것이 중요하다.

05

투자 목적에 따른 선물거래 전략

선물거래의 유형은 투자 목적에 따라 헤지거래, 차익거래*, 투기거래, 스프레드거래로 분류할 수 있다.

첫째, 헤지거래란 현물을 현재 보유하고 있거나 장래 보유예정인 투자자가 현물의 가격변동에서 오는 위험을 피하기 위해 선물 포지션을 취하는 것을 말한다. 즉 현물의 가격변동과 반대되는 손익구조를 가진 선물 포지션을 취함으로써 현물에서의 손실을 선물시장에서의 이익으로 상쇄시키는 효과를 얻는다. 예를 들어 주식을 보유하고 있는 투자자가 향후 주가가 하락할 것을 예상한다면 주식을 매도해서 현금을 확보하는 방법도 있지만, 주가지수선물을 매도함으로써 주가하락시 이익을 거두어 주식가치 하락을 상쇄할 수 있다.

둘째, 선물시장은 수급상황에 따라 일시적으로 선물가격이 현물가격과의 정상적인 관계에서 벗어나는 경우가 발생할 수 있다. 이때 선물과 현물 중 상대적으로 가격이 높은 것을 매도하고 동시에 가격이 낮은 것을 매수한 후 두 가격이 정상적인 관계로 되돌아왔을 때 이들을 반대매매하여 위험부담 없이 이익을 얻을 수 있는데, 이를 차익거래라고 한다. 예를 들어 코스피 200 선물의 가격이 코스피 200 지수를 이용해 산출한 적정 이론가격보다 높을 경우, 코스피 200 선물을 매도하고 코스피 200 지수 구성종목(또는 코스피 200 지수의 추적이 가능하도록 사전에 구성한 주식 포트폴리오)을 매수함으로써 무위험차익을 얻을 수 있다.

셋째, 투기거래는 현물 보유와는 상관없이 주가지수선물의 가격 움직임을 예측해서 시세차익을 목적으로 하는 거래다. 이러한 투기거래는 헤지 또는 차익거래자의 거래상대방이 되어 결과적으로 선물시장의 가격형성을 원활히하고, 유동성을 제고하는 역할을 한다. 대부분의 개인투자자들이 이에 해당하는데, 코스피 200 지수의 상승 또는 하락을 예상하고 코스피 200 선물에 투자하는 것을 말한다. 가격이 상승할 것으로 예상하면 선물을 매수하고 반대의 경우에는 선물을 매도해서 이익을 취하는 거래다.

끝으로 스프레드거래는 동일한 대상물 중 결제월이 다른 종목이나 대상물은 다르지만 가격 움직임이 유사한 선물계약 간의 가격 차이가 확대 또는 축소될 것을 예상하고, 2개의 선물종목을 동시에 매매해서 이익을 얻으려 하는 투자전략이다.

예를 들어 코스피 200 선물의 2006년 3월물의 가격이 150포인트, 2006년 6월물의 가격이 160포인트라면 두 종목 간 스프레드는 10포인트다. 향후 이 스프레드가 더욱 커질 것으로 예상한다면 6월물(원월물)을 사고 3월물(근월물)을 파는 스프레드 매수거래를, 스프레드가 작아질 것으로 예상한다면 반대로 3월물(근월물)을 사고 6월물(원월물)을 파는 스프레드 매도거래를 하면 된다.

06

마녀의 심술을 조심하라

선물·옵션의 만기일에는 프로그램매매* 등의 이유로 가격변동성이 커지고 거래량이 급증하며 가격이 급등락하는 현상이 자주 일어나는데, 이를 만기일효과(expiration day effect)라 한다. 그 대표적인 예가 트리플위칭데이(triple witching day)*다.

트리플위칭데이란 거래대상물이 동일한 주가지수선물과 옵션 그리고 개별 주식옵션의 만기가 동시에 일어나는 날을 일컫는 말이다. 이 용어는 1986년 9월 11일 미국의 뉴욕 주식시장에서 주가지수선물·옵션 및 주식옵션의 만기가 동시에 돌아오면서 장 종료 전 1시간 동안 거래가 급격히 증가하며 가격이 폭락한 현상을 'triple witching hour'라 부른 데서 유래한다.

주가지수선물·옵션의 만기일은 다른 날과는 달리 선물 및 옵션과 연계된 차익거래 등 프로그램매매에 따라 주식거래가 증가하고 가격이 급격히 변동하는 경우가 많다. 이런 현상이 마치 마녀(witch)가 활개치는 것과 유사하다고 해서 붙여진 용어다.

우리나라도 분기월을 제외한 매월 두번째 목요일은 코스피 200 옵션 및 개별 주식옵션의 만기가 동시에 돌아와 더블위칭데이(double witching day)가 된다. 특히 3, 6, 9, 12월의 두번째 목요일은 코스피 200 선물·옵션, 개별 주식옵션의 만기일로 트리플위칭데이가 된다. 실제로 트리플위칭데이였던 2005년 6월 9일을 살펴보면 당일의 프로그램매매 물량은 약 6,034만 주로 총 거래량에서 약 6.7%를 차지하는데, 이는 6월 평균치인 1.8%과 비교할 때 월등히 높은 수치다. 또한 당일의 주가등락률은 1.27%로 6월 평균치인 0.17%보다 약 8배나 높다.

주가지수선물·옵션, 개별 주식옵션 만기일에는 현물시장의 종가로 선물시장 최종 결제가격과 옵션의 권리행사 기준가격이 결정된다. 이 때문에 해당 종목의 만기일이 겹칠 경우 구조적으로 만기일 효과가 발생할 가능성이 높으므로 주식·선물 투자자들은 주가지수선물·옵션 등의 만기일을 전후해 가격동향과 프로그램매매 동향에 세심한 주의를 기울여야 한다.

17세기 네덜란드의 튤립 투기 열풍

인류의 투기역사에 등장하는 대표적 사건이 17세기 네덜란드에서 발생한 튤립 투기사건이다. 튤립은 질병에 걸리지 않은 자연 상태에서는 단색을 띠지만 모자이크 바이러스에 감염되면 돌연변이를 일으켜 매우 아름다운 불규칙적인 꽃무늬가 생긴다. 이러한 변종 튤립을 동일한 토양에서 재배하면 계속해서 변종된 꽃을 생산할 수 있다. 또 이 구근(둥근 뿌리)을 따로 옮겨 심더라도 뿌리에 손상을 주지 않으면서 동일한 효과를 낸다.

유럽 중에서도 특히 네덜란드에서 튤립 열풍이 분 이유는 우선 토양이 알맞았고, 타 유럽 국가에 비해 부의 축적(예컨대 주식회사의 기원인 네덜란드의 동인도회사가 1602년에 설립)이 일찍부터 진행된 점, 부의 과시용으로 튤립이 많이 애용된 점, 그리고 이익을 추구하는 네덜란드 사람들의 경향과 리스크에 관대한 태도 때문이다. 튤립은 국가와 개인들에게 지위와 번영의 상징이었다. 즉 튤립은 꽃이 아니라 자산으로 간주되어 1620년대에 암스테르담 최고의 은행에는 튤립 구근 보관금고까지 생겼고 훌륭한 대출담보 수단이기도 했으며 심지어 금 본위제에서 탈피해 튤립 본위제로 이행하자는 얘기까지 나올 정도였다.

1620년대 말에는 튤립이 네덜란드 경제 전체를 장악할 정도에 이르렀다. 또 1634~37년 사이에 무서운 흑사병으로 수많은 사람들이 목숨을 잃는 가운데에서도 튤립은 사람들의 머릿속에 부자가 되는 첩경으로 자리잡고 있었다. 또 이 시기에는 아마추어 거래자, 외국 자본, 내부자 거래를 비롯한 투기꾼들까지 거래에 가세하는 그야말로 튤립 투기의 광풍이 네덜란드를 휩쓸었다. 몇 에이커의 1급 토지를 희귀한 구근 몇 개와 교환하는가 하면, 어떤 부유한 상인은 꽤 큰 농장의 1년치 수입에 해당하는 2,500길더를 희귀 구근 1개와 맞바꾸기도 했다.

튤립은 '단위(piece)상품'과 '중량상품(pound)'으로 이원화되었는데, 단위상품은 희소가치가 있는 것으로 지금의 우량주에 해당하며 큰손들이 주로 거래했다. 일반거래자들은 대단위로 거래하는 중량상품에 치중했다. 1636년 11월부터 중량상품들은 가격이 상승하기 시작해서 1637년 1월에는 25배나 올랐다. 튤립은 미래시장 가격이 아니라 '바보이론(great fool theory)'이 지배하며 모든 이들이 자신이 튤립 구매에 지불한 가격 이상의 가격을 제시하는 사람이 반드시 나타날 것이라는 도박에 빠져들었다. 그러나 튤립 열풍이 본격적으로 시작된 지 4년이 지난 1637년 2월 5일과 6일 사이에 튤립 거래자들이 시장에서 일제히 발을 뺌으로써 일시에 거품이 붕괴되는 사건이 발생했다.

예컨대 백색 쿠르넨 구근 가격은 1637년 1월에 2,600% 상승했지만 2월 첫째 주말에는 최고가에서 95%나 폭락했다. 평범한 구근이었던 리프켄스 제독 구근은 2월 4~9일 사이에 원래 가격의 3분의 1로 떨어졌다. 이제 튤립이 할 수 있는 일이라고는 잠시 꽃을 피워 사람들에게 즐거움을 안겨주는 것이 전부였다. 1637년 2월 5일 밤 자신이 부자라고 생각하고 잠자리에 든 상당수 사람들은 다음날 아침 빈털터리가 되어 부채를 갚기 위해 막일을 해야 하는 처지로 전락하고 말았다.

주가지수선물로
시장을 거래한다

01

주가지수선물 거래는 실물거래가 아니다

주가지수선물은 1982년 미국의 캔자스시티 상품거래소에서 처음 도입된 이후 전세계로 급속히 확산되었다. 우리나라는 1996년 5월 코스피 200 선물이 최초의 장내 선물이자 주가지수선물로 상장되었다. 주가지수선물 거래는 주식시장에서 매매되고 있는 전체 주식 또는 일부 주식의 가격 수준을 나타내는 주가지수를 매매대상으로 하는 선물거래다.

주가지수선물 거래가 일반 선물거래와 비교되는 가장 큰 특징은, 통상의 상품선물거래에서는 실제로 존재하는 상품(농·축산물, 광산물 등)을 표준화하여 선물거래의 대상으로 삼는 반면, 주가지수선물 거래는 현물시장에서 거래되고 있지 않는 계산상의 수치인 주가지수를 대상으로 한다는 점이다.

최초의 선물상품인 농산물선물은 최종거래일까지 포지션이 청산되지 않을 경우 매매대상인 실물을 인수·인도하고 대금을 수수함으로써 계약이 종료된다. 그러나 주가지수선물은 매매대상물이 실제로 존재하지 않기 때문에 실물을 인도할 수 없어 현금결제방식으로 계약을 종료한다. 이때 현금결제는 약정가격과 최종결제가격의 차이에다 거래소에서 정한 일정액을 곱해서 산출한 금액을 수수하게 된다. 예를 들면 코스피 200 선물을 135포인트의 가격에 매매하고 3개월 후에 최종거래일이 도래했을 때 코스피 200 지수가 140포인트가 되었다면, 매매거래자는 거래 당시 체결가격과 최종거래일 지수와의 차이 5포인트에 거래단위 승수인 50만 원을 곱한 250만 원을 수수한다. 즉 선물매수자는 매도자로부터 1계약당 250만 원을 받는다.

주가지수선물 가격은 어떻게 결정되나?

주가지수선물 가격은 시장에서 개별 종목별로 매도·매수 호가에 따라 결정되지만, 선물가격은 장래 일정 시점(최종거래일 주식시장 장종료 시점)의 예상 현물주가지수이므로 현물주가지수가 중요한 가격 결정 요소다.

주가지수선물 가격은 현물주가지수를 기초로 산출되는 이론선물가격을 중심으로 형성되는데, 이론선물가격은 다음과 같은 논리에 따라 도출할 수 있다.

어떤 투자자가 특정 상품을 현재 시점의 매매를 통해 1년 후 시점에서 보유하고자 할 경우 다음과 같은 두 가지 대안을 생각할 수 있다.

하나는 당해 상품을 지금 매입하여 1년 동안 계속 보유하는 방법이고, 또 하나는 동 상품이 선물거래의 대상물이라면 현재 시점에 1년이 만기인 동 상품의 선물계약을 매수하여 1년 동안 보유하다가 만기시 약정한 가격(선물가격)을 지불하고 동 상품을 인도받는 방법이다.

두 가지 대안은 투자결과가 동일하므로 발생비용도 당연히 동일해야 한다. 현물매입 후 1년 간 보유하는 경우, 발생되는 총비용은 현물매입시 지불한 현물가격에, 지급한 현물가격에 대한 기회비용(차입에 의한 매입의 경우 그 이자비용)을 더하고, 현물보유시 보관비용이 소요된다면 그 비용을 더한 것이다. 선물계약을 매입한 경우는 만기시 선물가격만 지불하고 상품을 인도받으면 되므로 선물가격이 총비용이 된다. 따라서 이론선물가격은 현물가격에 금융비용과 보관비용을 더한 값이 된다.

이러한 이론선물가격 도출방식은 주가지수선물 이론가격 도출에도 그대로 적용된다. 다만 주가지수선물의 기초자산인 주가지수 구성종목을 보유하는 데에는 보관비용이 들지 않고 오히려 보유 기간 중 배당수입이 발생하므로 발생비용에서 배당수입을 차감해야 한다. 따라서 주가지수선물 이론가격의 산출식은 다음과 같다.

주가지수선물 이론가격＝현물주가지수＋(금융비용 －배당수입)

한편 주가지수선물 가격이 이론가격을 중심으로 형성되기는 하나 선물시장은 독자적인 수급상황에 따라 가격이 형성되는 별개의 시

장이므로 때에 따라서는 선물가격이 이론가격에서 크게 괴리되는
경우도 발생한다. 이런 경우가 발생하면 즉시 현물과 선물가격 간
가격괴리를 이용해서 무위험 차익을 얻고자 하는 차익거래가 들어
와 가격괴리가 해소된다.

02

주요 지표를 통해 시장의 흐름을 읽어라

베이시스(Basis) *

베이시스란 선물가격과 현물가격의 차, 즉 선물가격에서 현물가격을 제한 수치를 말한다.

$$베이시스 = 선물가격 - 현물가격$$

주가지수선물인 코스피 200 선물을 예로 들면, 특정 시점의 코스피 200 선물 가격이 140포인트, 대상자산인 코스피 200 지수가 138.5포인트일 때 베이시스는 140포인트에서 138.5포인트를 차감한 1.5포인트가 된다.

선물시장의 투자자들은 베이시스를 매우 중요한 지표로 예의 주시한다.

한편 시장에서 형성된 실제 선물가격이 아닌 이론선물가격과 현물가격의 차를 이론 베이시스라고 하는데, 투자자들은 이론 베이시스와 실제 베이시스를 비교해서 차익거래 기회를 포착한다. 즉 실제 베이시스가 이론 베이시스보다 크면 선물을 매도하여 주식을 매수하는 매수차익거래를 실행하고, 그 반대이면 선물을 매수하고 주식을 매도하는 매도차익거래를 실행한다. 선물의 최종거래일이 가까워지면 선물가격은 현물가격에 점점 가까워지고 최종거래일 장 종료 시점에는 선물가격과 현물가격이 거의 같아져 베이시스는 제로 (0)에 근접한다.

콘탱고(contango)와 백워데이션(back wardation)

증권 관련 신문기사를 접하다 보면 선물가격이 콘탱고 상태에 있다느니 백워데이션 상태에 있다느니 하는 말을 자주 보게 된다. 콘탱고란 선물가격이 현물가격보다 높은 상태를 말하고 백워데이션은 선물가격이 현물가격보다 낮은 상태를 말한다. 일반적으로 선물시장은 콘탱고 상태가 정상적이라 볼 수 있다. 왜냐하면 선물가격은 현재의 현물가격에 선물만기일까지의 보유비용 등이 고려되어야 하므로 현물가격보다 높게 형성되는 것이 정상이기 때문이다. 선물가격의 백워데이션 상태는 주로 시장에 갑작스러운 악재가 등장했을 때, 가격반응이 빠른 선물이 현물보다 빠르게 가격이 하락할 때 나타난다.

미결제약정(Open interests)

미결제약정이란 반대매매되거나 최종결제되지 않아 현재 계약이행
의무상태에 있는 선물계약을 말한다. 각 선물계약에는 반드시 매도
자와 매수자가 있으므로 시장 전체적으로 매도 미결제약정 수량과
매수 미결제약정 수량은 일치하며 따라서 전체 미결제약정 수량은
편도로 발표된다.

선물시장의 미결제약정은 최종거래일 이전에 반대매매하거나, 최
종거래일이 도래하면 계약이 이행되어야 하는 절차가 반드시 따르
게 되어 선물시장의 유동성에 영향을 미친다. 미결제약정이 많으면
투자자의 잠재 매매수요가 높다는 것을 의미하기 때문에 거래량과
함께 시장유동성을 판단하는 지표로 활용된다.

또한 미결제약정은 장세 흐름을 예측하는 수단으로 활용되기 때
문에 선물시장에서는 가격 · 거래량 지표와 함께 주의를 기울여서
살펴봐야 한다. 선물가격 상승과 함께 미결제약정이 증가하는 것은
선물시장에 신규 투자자들이 대거 진입하고 있음을 의미하므로 강
세시장이 지속되는 것을 나타낸다. 반대로 선물가격이 하락하면서
미결제약정이 증가하면 하락 추세를 나타낸다. 미결제약정의 변동
이 없거나 감소하면서 선물가격이 상승 또는 하락한다면, 추세가 역
전될 수 있는 가능성이 있다고 볼 수 있다.

미결제약정이 급격히 증가할 때는 매수와 매도에 대한 시장 전
망이 엇갈리면서 포지션을 보유하는 투자자가 늘고 있음을 의미
하기 때문에 이때는 조만간 가격이 크게 변동할 가능성이 높다고
봐야 한다. 하지만 시장예측에는 미결제약정, 거래량, 선물가격

미결제약정과 선물가격과의 관계		
선물가격	미결제약정	시장 추세
상승	증가	강세 지속
하락	증가	약세 지속
상승	감소	약세 반전
하락	감소	강세 반전

등을 통한 기술적 분석뿐 아니라, 경제상황 등 기본적 분석도 함께 활용해야 하기 때문에 미결제약정만을 보고 시장을 예측하는 것은 위험하다.

03

코스피 200 선물과 스타지수선물의 거래방법

코스피 200 선물

코스피 200 선물은 우리나라의 대표적인 주가지수선물상품으로 1996년 5월 우리나라 최초의 선물상품으로 상장되었다. 거래대상지수인 코스피 200 지수는 주가지수선물과 옵션의 거래대상지수로 사용하기 위해 별도로 개발된 주가지수로서 유가증권시장에 상장된 모든 종목 중 시장대표성, 업종대표성, 유동성을 감안해서 선정된 200종목을 대상으로 산출하는 시가총액식 지수다.

코스피 200 선물은 상장 이후 꾸준한 성장세를 보여 2004년 현재 세계 전체 주가지수선물상품 중 거래량 기준으로 4위를 기록하는 상품으로 성장했다.

코스피 200 선물이 풍부한 유동성을 확보하여 유가증권시장의 중요한 위험관리 수단으로 자리잡음에 따라 기관투자자들은 코스피 200 지수에 연계하는 각종 주가연계상품을 앞다투어 개발해서 일반 투자자들에게 판매하는 등 우리나라의 파생 금융상품시장이 크게 활성화되어 있다. 파생 금융상품시장 활성화는 간접투자의 확대로 이어져 우리 증권시장의 질적·양적 발전에 크게 기여하고 있다.

코스피 200 선물의 거래제도를 간략히 살펴보면 다음과 같다.

1계약의 단위는 가격(지수)에 50만 원을 곱한 금액으로서 어떤 투자자가 150포인트에 코스피 200 선물 1계약을 매수했다면 그 약정 금액은 150포인트에 거래단위승수 50만 원을 곱한 7,500만 원이 된다. 결제월은 3월, 6월, 9월, 12월이고 최장 거래 기간은 1년으로 시장에는 항상 4개 결제월종목이 상장되어 거래된다. 최종거래일은 각 결제월의 두번째 목요일이고, 최종결제일은 최종거래일의 다음 거래일이다. 매매거래시간은 최종거래일이 아닌 종목은 오전 9시~오후 3시 15분이고, 최종거래일이 도래한 종목은 오전 9시~오후 2시 50분이다. 가격제한폭*을 두고 있는데 기준 가격 대비 상하 10%로 설정하고 있다. 최종결제가격은 최종거래일의 코스피 200 종가지수로 하고 있다.

스타지수선물

스타지수선물은 코스닥시장에 상장되어 있는 우량 30개 기업의 주가를 기초로 산출한 주가지수인 '스타지수'를 거래대상으로 하는 선물이다. 따라서 스타지수에 투자하는 경우 스타지수를 구성하고 있는 코스닥시장의 우량기업 30종목에 투자하는 것과 동일한 효과를 볼 수 있다. 코스닥시장을 대표하는 선물지수로 코스닥 50 선물이 거래소에 상장되어 거래되었으나 코스피 200 선물과 거래방식이 다르고, 주된 시장 참여자인 증권회사들이 직접 시장에 참여할 수 없어 거래가 활성화되지 못했다. 따라서 변동성이 큰 코스닥시장의 위험관리 수단이 되지 못하고, 기관 및 외국인 투자자가 코스닥시장에 투자를 외면하는 한 가지 요인으로 지목되었다.

이에 따라 2005년 11월 7일 스타지수선물이 상장되었다. 스타지수선물은 지수를 구성하는 대상주식이 코스닥시장 상장 우량 30종목으로 구성되었다는 점만 다를 뿐, 거래제도가 코스피 200 선물과 유사하다. 따라서 기존 코스피 200 선물에 투자해 온 투자자는 손쉽게 스타지수선물시장에 참여할 수 있다.

또한 그 동안 벤처기업의 자본조달 역할을 해온 코스닥시장이 자금력이 풍부하지 않은 개인투자자들의 적합한 투자처로 자리잡아온바, 비교적 소액으로도 거래참여가 가능하도록 거래단위를 코스피 200 선물의 20% 수준으로 크게 낮추었다. 계약금액이 1포인트당 1만 원이기 때문에 현재 스타지수가 1000포인트라면 투자자는 150만 원(1000포인트×10,000원×1계약×15%)으로 주문이 가능하다.

또한 코스피 200 선물과 같은 계좌를 이용할 수 있도록 하여 투자자의 편의를 도모했으며, 코스피 200 선물과 동일 상품군으로 분류해 일일정산시 최고 이익의 50%까지 증거금 감면을 받을 수 있어 투자자는 거래비용을 절감할 수 있다.

04

프로그램매매의 허와 실을 구분하라

1987년 10월 19일(black monday) 미국 뉴욕증시는 대폭락했다. 이 날 하루 사이에 다우존스 평균지수는 무려 22.6%(508포인트)나 떨어졌다. 블랙 먼데이 사태 이후 주가폭락 원인조사보고서들은 선물시장과 연계된 프로그램매매가 주식시장의 가격급락을 초래했다고 지적했다. 최근에는 국내 증시에서도 프로그램매매가 주가를 흔드는 경우가 종종 있다.

프로그램매매는 일반적으로 시장분석, 투자 시점 판단, 주문제출 등 일련의 과정을 컴퓨터로 처리하는 거래기법을 통칭한 것이다. 즉 시장 상황별로 실행할 투자전략을 사전에 미리 수립해서 그 내용을 컴퓨터에 프로그램화하고, 시장상황의 분석과 분석내용에 따른 주문 등을 프로그램에 따라 처리하는 방법을 말한다.

프로그램매매의 종류에는 지수차익거래(index arbitrage), 인덱스 트레이딩(index trading), 포트폴리오 인슈어런스(portfolio insurance)*, 자산배분(asset allocation) 등이 있다.

프로그램매매 중 차익거래는 평상시 현물과 선물시장의 가격차이가 지나치게 벌어져 시장이 왜곡되는 현상을 막아주는 긍정적 역할을 한다. 그러나 프로그램매매는 이를 주로 이용하는 기관투자자가 유사한 시황 예측으로 동시에 매도 또는 매수함으로써 주가의 급변을 초래할 수 있다. 또한 시장의 흐름에 기계적 매매로 대응함으로써 개별 주가가 기업의 내재가치와 무관하게 형성될 수 있으며, 누적된 차익거래 포지션의 해소물량이 최종거래일에 집중됨으로써 주가 급변을 초래할 수도 있다.

따라서 거래소는 과도한 프로그램매매에 의한 주가급변을 완화하고 일반투자자의 투자심리 안정을 도모하고자 공시제도와 사이드카(sidecar)제도를 두고 있다.

공시제도는 코스피 200 지수에 포함된 종목 15개 종목 이상을 한꺼번에 매수하거나 매도할 때 거래소에 공시하도록 한 제도다. 사이드카는 거래량이 가장 많은 코스피 200 선물 종목이 전일 종가 대비 5% 이상 변동해 1분 이상 지속될 경우 그 시점부터 5분 간 프로그램매매의 호가 효력을 정지시키는 것을 말한다.

프로그램매매와 관련된 현물 바스켓은 주로 시가총액이 큰 지수 관련 종목으로 구성되기 때문에 주가지수에 큰 영향을 준다. 프로그램매매는 주식시장의 큰 변수로 작용하는데, 프로그램 매수가 많으면 주가가 오르고 프로그램 매도가 많으면 주가가 내려갈 확률이 높다. 그리고 프로그램매매 잔고는 향후 선물 또는 옵션 만기일이나 만기일 전 장중에 청산되어야 하기 때문에 더욱 중요한 변수다. 프로그램매수 잔고는 현물매도·선물매수로 청산되고, 프로그램매도 잔고는 현물매수·선물매도로 청산된다. 선물투자는 물론 주식에 투자할 때도, 항상 투자자들은 현물·선물 가격차의 움직임과 선물 가격과 이론가격의 괴리 수준을 점검하는 자세가 필요하다.

세계 최대의 기관투자자, CalPERS

캘퍼스(CalPERS : California Public Employees Retirement System)는 캘리포니아 주의 공무원퇴직연금을 말한다. 2003년 말 현재로 자산 규모가 1,611억 달러에 달하는 미국 최대의 연금기금*이다. 캘퍼스의 자산은 미국뿐 아니라 전세계 금융·자본·부동산 시장을 대상으로 크게 채권, 주식, 부동산에 투자된다. 2003년 말 현재 투자 포토폴리오는 65%, 채권이 26%, 부동산이 9%를 차지하고 있다. 캘퍼스의 2003년 운용수익률은 23.3%로써 펀드의 벤치마크를 200bp나 초과달성했다.

일반적으로 덩치가 크면 기동력이 떨어지고 투자의사 결정도 느려져 높은 수익률을 기대하기 어렵다. 그러나 캘퍼스의 2003년 운용수익률은 1990년 IT 버블기 이후 최고를 기록했다. 하지만 엄청난 자산 규모와 높은 수익성이 캘퍼스의 전부만은 아니다. 캘퍼스에게는 무언가 특별한 것이 있다.

캘퍼스의 자산운용 효율성을 외부에서 분석하는 월셔 컨설팅은 1987~99년 사이에 캘퍼스가 기업지배구조(corporate governance) 개선을 요구한 기업들의 주가상승률을 분석했다. 5년 간의 주가흐름을 추적한 결과, 캘퍼스의 경영관여를 받은 기업들은 S&P500지수를 14% 초과하는 상승률을 보였는데, 이들 기업은 캘퍼스의 경영관여 이전에는 S&P500지수 상승률의 96%밖에 따라가지 못했다. 캘퍼스가 주주총회에서 CEO의 교체를 요구하고, 이사회의 독립성을 강화하라고 요구하여 기업 체질이 강화되었고 중장기적으로 주가상승도 높아졌는데, 월셔 컨설팅은 이를 캘퍼스 효과라고 불렀다.

실제로 캘퍼스가 이처럼 기업지배구조에 관심을 가지기 시작한 것은 1980년대 중반부터다. 연기금의 속성상 중장기 투자가 필수적이고, 더구나 주식투자 비중이 높을 경우에는 안정적인 수익도 무시할 수 없기 때문이다. 캘퍼스는 1980년대 미국 기업들이 극심한 구조조정을 겪으면서 자신들이 투자했던 기업들이 '기업을 자신의 것으로 생각하는 경영자'들에 의해 무너지는 모습을 목격했다. 캘퍼스는 이러한 기업들을 어떻게 다루어야 하는지 게임의 룰을 터득했다고 한다. 높은 운용수익률을 자랑하는 것은 기업지배구조에 대한 끊임없는 간섭과 견제 때문이라는 주장이다.

캘퍼스는 1998년에 '기업지배의 원리와 가이드라인(corporate governance principle and guidelines)'을 만들어서 이사회의 독립, 오너와 경영진과의 관계, 사외이사의 지위 등을 규정하기에 이르며, 1997년부터 기업지배구조와 관련해 '요주의 기업'을 선정해 해당 기업의 이사회를 개혁하도록 압력을 행사하고 있다. 캘퍼스의 리스트에 올랐던 기업으로는 애플컴퓨터, 리복, 루슨트테크놀러지, 게이트웨이, 제록스 등 수없이 많다.

월트디즈니의 마이클 아이스너 전 회장은 단지 2%의 주식만을 보유하고 있던 캘퍼스의 압력을 받아 사퇴했으며, 뉴욕 증권거래소의 CEO로 장기 재직하던 리처드 그랏소 전 이사장도 1억 4,000만 달러라는 거액의 퇴직연금을 받기로 한 것에 대한 캘퍼스의 퇴임 압력을 견디지 못하고 2003년 9월에 결국 물러났다. 캘퍼스는 가만히 앉아서 배당이나 받고 주가상승만을 향유하는 수동적인 주주가 아닌, 주주이익 극대화를 위해 행동하는 주주행동주의(shareholder activism)의 선구자다.

옵션투자로
권리를 사고 판다

아파트 분양권도 옵션이다

경제활동 중에 일어나는 모든 거래의 기본 수익구조는 아마도 '살때는 싸게! 팔때는 비싸게!(BLASH, buy low and sell high)' 일 것이다. 어떻게 하면 싸게 사고 비싸게 팔 수 있을지 모두 궁리하겠지만 우리의 의지와 예측대로만 경제활동이 이루어지지 않는다는 것이 문제일 것이다.

그렇다면 이렇게 불확실한 상황을 극복하기 위해 실제 물건이 필요한 시점보다 먼저 '특정가격에 살 수 있는 권리' 또는 '특정 가격에 팔 수 있는 권리'를 확보하고서 거래할 수 있다면 좋지 않을까. 물론 권리를 확보하는 데는 일정한 '비용(시간+돈)'을 지불해야 한다. 그렇더라도 가격이 많이 올라버린 어떤 상품을 사전에 약속한 특정가격으로 싸게 구입하고 비싸게 팔 수 있다면, 그 차액만큼 이익이

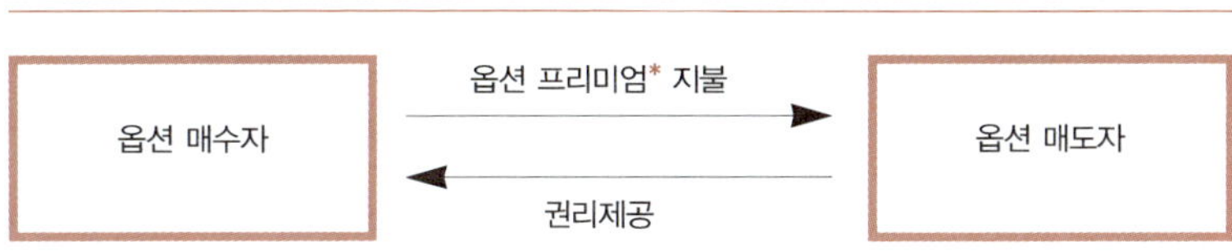

생길 것이므로 'BLASH'라는 거래의 기본 목표를 달성하는 효과를 낳게 된다. 이와 같은 필요에서 출발한 것이 바로 옵션(option)이라는 파생상품이다.

옵션이란 특정일에 거래대상 자산을 서로 약정한 가격에 사거나 팔 수 있는 권리를 말한다. 살 수 있는 권리를 거래하는 옵션을 콜옵션(call options)*, 팔 수 있는 권리를 거래하는 옵션을 풋옵션(put options)이라고 한다. 권리를 매수한 사람은 매도한 사람에 대해 대상 자산을 사거나 팔 수 있는 권리를 갖게 된다.

옵션은 말 그대로 '선택'이라는 의미를 갖는다. 옵션거래에 있어서 옵션을 매수한 사람은 이익발생 여부에 따라 권리를 행사할 수 있는 선택을 할 수 있기 때문에 이 권리에 대한 대가로 옵션을 매도한 사람에게 옵션가격(프리미엄)을 지불하게 된다.

일상생활에서 옵션과 비슷한 개념을 찾아볼 수 있는데, 대표적인 것인 아파트 분양권이다. 아파트 분양권은 살 권리를 가지는 콜옵션과 유사하다. 분양권은 아파트(거래대상)를 미래의 입주일(만기일)에 분양가격(약정가격)에 입주할 수 있는 분양권(권리)을 구매하는 것이라고 볼 수 있다.

<table>
<tr><td colspan="3" align="center">콜옵션과 아파트 분양권의 비교</td></tr>
<tr><td align="center">콜옵션</td><td></td><td align="center">아파트 분양권</td></tr>
<tr><td align="center">거래대상</td><td align="center">→</td><td align="center">아파트</td></tr>
<tr><td align="center">만기일</td><td align="center">→</td><td align="center">입주일</td></tr>
<tr><td align="center">행사가격</td><td align="center">→</td><td align="center">분양가격</td></tr>
<tr><td align="center">옵션가격</td><td align="center">→</td><td align="center">분양권가격</td></tr>
</table>

분양가 2억 원인 아파트 분양권을 가진 사람은 입주 시점에 아파트의 가격이 3억 원이 되더라도 2억 원에 아파트를 구매할 수 있기 때문에 가격상승에 따른 이익 1억 원을 갖게 된다. 만약 아파트 가격이 분양권 가격보다 하락할 경우에는 분양권을 소유한 사람이 해당 권리를 포기함으로써 분양권 구매시 지불했던 가격으로 손실을 한정할 수 있다.

거래소에 상장되어 있는 개별주식 옵션 가운데 삼성전자 옵션을 사례로 들어 설명하겠다.

- 2005년 9월 15일 현재 삼성전자 주가:50만 원
- 2005년 9월 15일 현재 삼성전자 콜옵션 2005년 11월물(행사가격 50만 원)의 옵션가격:1만 원

  사례 ① 옵션 만기시 삼성전자 주가:45만 원

  사례 ② 옵션 만기시 삼성전가 주가:55만 원

<table>
<tr><td colspan="7" align="center">옵션 만기시 거래대상가격에 따른 투자자의 손익</td></tr>
<tr><td></td><td></td><td>거래대상가격 > 행사가격 경우</td><td>거래대상가격 < 행사가격 경우</td></tr>
<tr><td rowspan="2">콜옵션</td><td>매수자</td><td>거래대상가격 – 행사가격 – 옵션가격</td><td>– 옵션가격</td></tr>
<tr><td>매도자</td><td>옵션가격 –(거래대상가격—행사가격)</td><td>+ 옵션가격</td></tr>
<tr><td rowspan="2">풋옵션</td><td>매수자</td><td>– 옵션가격</td><td>행사가격 – 거래대상가격 – 옵션가격</td></tr>
<tr><td>매도자</td><td>+ 옵션가격</td><td>옵션가격 –(행사가격 – 거래대상가격)</td></tr>
</table>

위의 경우 삼성전자 콜옵션 11월물을 1만 원에 매수했다고 가정해서 손익을 살펴보자. 옵션 만기시 사례 1과 같이 삼성전자 주가가 45만 원이 될 경우 옵션 매수자는 삼성전자 주식을 50만 원에 매수할 수 있는 권리를 소유하고 있지만, 시장가격보다 비싸게 살 이유가 없기 때문에 권리행사를 포기하게 된다. 따라서 옵션매수자는 콜옵션을 매수할 때 지불했던 옵션가격 1만 원만큼 손해를 본다.

옵션만기시 사례 2와 같이 삼성전자 주가가 55만 원이 된다면 55만 원짜리 삼성전자 주식을 50만 원에 살 권리를 가지고 있기 때문에 권리를 행사하여 삼성전자를 매수하게 된다. 이때 옵션매수자의 이익은 주식가격과 행사가격의 차이 5만 원(55만 원–50만 원)에서 옵션가격 1만 원을 뺀 4만 원이 된다. 반면에 콜옵션 매도자는 삼성전자 주가가 55만 원일 때는 옵션가격에서 주가와 행사가격의 차를 뺀 4만 원의 손실이 발생하고, 45만 원일 때에는 옵션매수자의 권리포기로 옵션가격 1만 원의 이익이 발생해 매수자의 손익과 정반대로 나타난다.

풋옵션은 콜옵션과 손익이 반대로 나타나는데, 풋옵션 매수자는 팔 수 있는 권리를 가지고 있기 때문에 삼성전자 주가가 하락하면 이익이 발생한다.

이처럼 옵션거래 역시 선물거래와 마찬가지로 옵션별로 각 매수자와 매도자의 손익구조가 완전히 정반대의 모습을 갖는다. 옵션매수자는 거래대상의 가격에 따라 이익이 무한대로 늘어날 수 있는 반면 손실은 옵션매수시 지불한 옵션가격으로 한정된다. 옵션매도자의 이익은 옵션매도시 지급받은 옵션가격에 한정되나 손실은 거래대상물의 가격에 따라 무한대로 늘어날 수 있다. 옵션매수자가 매도자에게 옵션가격(프리미엄)을 지급하는 이유는 매도자가 무한대가 될 수 있는 손실을 떠안기 때문이다.

그렇다면 옵션매도자는 옵션매수자의 권리행사에 대한 이행 의무를 가지고 무한한 손실을 볼 수 있음에도 불구하고 무슨 이유로 옵션을 매도하는 것일까? 그 이유는 옵션매수자로부터 손실 발생가능

2005년 10월 31일 옵션 시세표

K200옵션	KTB옵션	KSQ50옵션	USD옵션
200511 ▼	기본	고가/저가	미결제량	미결증감	콜/풋 분리 ▼

| 거래량 | 내재변동 | CALL 200511 | | | | 행사가격 | PUT 200511 | | | | 내재변동 | 거래량 |
		매도	매수	대비	현재가		현재가	대비	매도	매수		
1,293,676	21.2	0.10	0.09	S ▲ 0.06	0.09	165.0	8.95	S ▼ 2.95	9.10	8.95	< 3.0	192
1,284,390	21.5	0.26	0.25	B ▲ 0.17	0.26	162.5	6.60	S ▼ 2.85	6.70	6.60	< 3.0	1,563
2,442,882	21.6	0.67	0.66	BB ▲ 0.39	0.66	160.0	4.65	S ▼ 2.55	4.65	4.60	18.0	4,021
1,854,642	22.3	1.44	1.43	S ▲ 0.71	1.43	157.5	2.90	SS ▼ 2.25	2.90	2.85	19.5	27,957
488,416	24.0	2.73	2.72	B ▲ 1.23	2.73	155.0	1.75	BB ▼ 1.70	1.76	1.75	21.8	88,971
59,878	25.0	4.45	4.40	S ▲ 1.78	4.40	152.5	0.93	BB ▼ 1.24	0.93	0.92	22.5	382,382
14,758	27.0	6.50	6.45	S ▲ 1.90	6.45	150.0	0.50	BB ▼ 0.72	0.51	0.50	24.4	1,013,264
7,838	34.0	8.85	8.75	BB ▲ 2.65	8.85	147.5	0.23	SS ▼ 0.50	0.23	0.22	25.2	1,041,178
2,934	38.0	11.25	11.10	S ▲ 2.90	11.25	145.0	0.11	S ▼ 0.25	0.12	0.11	26.6	690,823
403	40.0	13.70	13.55	BB ▲ 2.95	13.60	142.5	0.06	S ▼ 0.11	0.07	0.06	28.7	529,630
935	40.0	16.15	16.05	B ▲ 2.50	15.70	140.0	0.03	SS ▼ 0.07	0.03	0.02	30.4	597,017
15	40.0	18.65	18.50	SS ▲ 1.75	17.40	137.5	0.02	B ▼ 0.03	0.02	0.01	33.2	170,540

K200 옵션	CALL	PUT	합계	전일대비	K200 선물	합계	전일대비
총거래량	8,471,974	4,817,032	13,289,006	34,485	총계약수	174,375	−7,019
총거래대금	524,079	233,033	757,112	−58,944	총계약금액	13,514,108	−273,764
총미결제량	1,856,394	1,984,901	3,841,295	42,431	총미결제량	95,907	−3,223
내재변동성	21.9%	26.7%	23.6%	−1.4%	시장/이론Basis	0.50	0.62

성(옵션의 행사가능성) 및 그 크기에 따른 위험을 보상하는 수준의 대가(옵션 프리미엄)를 받기 때문이다.

콜옵션 중 낮은 행사가격을 가진 종목은 높은 행사가격을 가진 종목에 비해 행사가능성이 높기 때문에 옵션가격이 상대적으로 비싼 것을 확인할 수 있는데, 코스피 200 옵션 시세표를 통해 이 사실을 잘 알 수 있다.

다양한 옵션상품의 종류

옵션은 기초자산의 유형, 권리행사시 손익발생 여부, 권리행사 시기 등에 따라 다양하게 나뉜다. 기초자산의 유형에 따라 옵션을 곡물, 금 등의 상품을 거래대상으로 하는 상품옵션(commodity option)과 주식, 채권, 주가지수, 통화 등을 거래대상으로 하는 금융옵션(financial option)으로 나눌 수 있다.

거래소에 상장되어 있는 코스피 200 옵션, 3년 국채선물옵션, 미국달러옵션 등은 모두 금융옵션이며 우리나라에는 아직 상품옵션은 상장되어 있지 않다.

권리행사 시기에 따라 옵션을 구분하면 옵션을 구매한 뒤 옵션의 만기일에만 권리행사가 가능한 유럽형 옵션(European options)과 옵션을 매수한 시점부터 옵션만기일까지 언제든지 권리행사가 가능한

<table>
<tr><td colspan="3" align="center">옵션의 구분 기준 및 사례</td></tr>
<tr><td>구분 기준</td><td>옵션</td><td>사례</td></tr>
<tr><td rowspan="2">거래대상 유형</td><td>상품옵션</td><td>옥수수옵션, 원유옵션</td></tr>
<tr><td>금융옵션</td><td>코스피 200 옵션, 미국달러옵션</td></tr>
<tr><td rowspan="2">권리행사 시기</td><td>유럽형 옵션</td><td>코스피 200 옵션, 미국달러옵션</td></tr>
<tr><td>미국형 옵션</td><td>3년 국채선물옵션</td></tr>
<tr><td rowspan="5">권리행사시
손익발생 여부</td><td rowspan="2">내가격옵션</td><td>콜옵션 : 행사가격 < 거래대상가격</td></tr>
<tr><td>풋옵션 : 행사가격 > 거래대상가격</td></tr>
<tr><td rowspan="2">외가격옵션</td><td>콜옵션 : 행사가격 > 거래대상가격</td></tr>
<tr><td>풋옵션 : 행사가격 < 거래대상가격</td></tr>
<tr><td>등가격옵션</td><td>콜/풋옵션 : 행사가격 ＝ 거래대상가격</td></tr>
</table>

미국형 옵션(American Options)*으로 나뉜다.

거래소에 상장된 옵션 중 코스피 200 옵션, 미국달러옵션 등은 유럽형 옵션이며 3년 국채선물옵션은 미국형 옵션이다.

옵션의 소유자가 즉시 권리행사를 할 경우 이익 또는 손실발생 여부에 따라 내가격옵션(ITM : in the money), 외가격옵션(ATM : at the money), 등가격옵션(OTM : out of money)으로 구분한다. 내가격옵션은 옵션매수자가 즉시 권리를 행사하면 양의 현금유입 즉 이익이 발생하는 옵션이다. 외가격옵션은 옵션매수자가 즉시 권리를 행사하면 음의 현금유입 즉 손실이 발생하는 옵션이다. 등가격옵션은 권리행사시 현금유입이 발생하지 않아 이익도 손해도 나지 않는 옵션을 말한다.

03

옵션투자의 매력과 위험성

옵션은 가격변화율(수익률)이 크다

옵션가격의 변동폭은 매우 크다고 알려져 있다. 정말 주식가격이나 선물가격보다 가격변동폭이 큰 것일까? 주식가격이 변동하면 선물가격도 유사한 수준으로 변동하나, 옵션은 행사가격별(종목별)로 다르게 변한다.

옵션의 수익률이 큰 이유는 우선 옵션가격이 대상자산의 가격이나 선물가격에 비해 가격 수준이 낮기 때문이다. 이는 옵션거래가 주식을 직접 거래하는 것이 아니라, 대상자산에 대한 권리를 사고파는 것이기 때문이다. 예를 들면 주식가격이 1만 원일 때 권리행사가격이 1만 원이고 잔존 기간이 20일 남은 콜옵션 가격은 290원 정도(가격변동성 30%, 금리 4% 가정)에 불과하다.

둘째, 지렛대효과 때문에 옵션가격의 변화는 주가변화보다 민감하게 반응한다. 만약 앞의 사례에서 주식가격이 10% 상승해 1만 1,000원이 되었을 때 옵션가격도 똑같은 비율로 10% 변동하는 것이 아니라, 주식 콜옵션가격은 1,030원이 된다. 이 경우 옵션가격 상승률은 약 255%다. 반대로 주식가격이 10% 하락할 경우 손실률 역시 255% 수준이 된다. 따라서 옵션의 지렛대 효과 때문에 가격에 대한 예측이 맞을 때는 수 배 또는 수십 배의 이익이 창출될 수 있지만, 틀릴 경우에는 높은 손실이 발생하게 된다.

옵션매도자의 잠재손실은 무한대다

선물의 경우 만기일에 매수자가 대금을 지불하고 매도자는 대상물을 인도해야 하는 의무가 있다. 그러나 옵션매수자는 만기일에 권리행사에 대한 권리만 가질 뿐 의무는 없으므로 불리한 경우 권리행사를 포기하면 된다. 반면에 매도자는 매수자의 요구시 반드시 응해야 하는 의무를 진다.

결과적으로 매수자가 유리할 때 권리행사를 하게 되어 있어, 매도자는 손실을 감수하면서 의무를 이행할 수밖에 없다. 매수자의 이익이 크면 클수록 매도자의 손실도 커진다. 즉 옵션매수자의 '큰 이익'은 옵션매도자의 '큰 손실'을 의미한다. 큰 이익과 큰 손실은 동전의 양면이다. 결국 옵션시장 전체 손익을 합산하면 0이 되고, 이를 '제로섬 게임'이라 한다.

개인은 옵션매도에 좀더 신중해야 한다

이처럼 옵션매도자의 경우 잠재손실이 무한대이므로 항상 옵션의 행사가능성을 염두에 두고 신중한 자세로 매매에 임해야 한다. 특히 증권회사나 투신사가 아닌 개인들은 자금과 정보 면에서 취약할 수밖에 없으므로, 옵션매도시 더욱 신중한 판단이 필요하다.

옵션투자의 매력과 위험

옵션은 선물과 마찬가지로 위험을 관리하는 수단으로 이용된다. 옵션은 미래 특정 시점에 특정 가격으로 거래대상물을 사거나 팔 수 있는 권리를 매매하기 때문에 선물보다 위험관리에 있어, 초기에 투입되는 비용이 적다. 헤저(위험 회피자)는 프리미엄 지급을 통한 옵션매수로 권리를 보유하게 되고, 옵션만기일까지 가격변동에 대한 걱정없이 지낼 수 있게 된다.

또한 옵션매수자는 매도자에게 옵션매수대금 100%를 프리미엄으로 지급했기 때문에, 위험이 프리미엄에 한정된다. 특정 물건을 살 필요가 있는 사람은 콜옵션을 매수하고, 팔 필요가 있는 사람은 풋옵션을 매수하면 된다.

옵션시장에는 선물과 마찬가지로 투기거래자와 차익거래자가 존재한다. 투기거래자는 옵션가격의 향후 움직임을 예측해서 이익을 얻으며, 차익거래자는 현물가격 또는 선물가격과의 괴리를 이용하여 무위험차익을 얻는다.

옵션은 왜 가끔 큰 이익이 나는 것일까?

가끔 아무개가 옵션을 거래해서 대박을 터뜨렸다는 기사를 신문이나 방송을 통해 보는 경우가 있다. 2001년 미국에서 9·11 테러가 발생했을 때 그 여파로 국내 증시가 폭락하여 코스피 200 옵션에서 504배의 대박을 터뜨린 것이 대표적인 사례다. 옵션이 권리를 사고 팔기 때문에 생기는 현상인데, 실제로 행사가능성이 극히 희박한 옵션종목은 사람들이 흔히 구매하는 복권과 비슷한 성질을 지니고 있다. 예를 들어보도록 하자. 옵션만기일 하루 전 오후 3시 현재 코스피 200 지수가 150포인트이고, 이때 코스피 200 콜옵션(권리행사가격 155포인트)의 가격이 0.01포인트라고 하자. 이렇게 옵션가격이 최저치인 0.01포인트인 이유는 현재 주가지수와 행사가격과의 차가 5포인트나 되고 옵션만기일까지의 잔존 기간이 1일에 불과하여 이 옵션이 만기시 행사가치를 갖게 될 가능성이 거의 없기 때문이다. 그런데 옵션만기일에 시장에 엄청난 호재가 출현하여 코스피 200 지수가 156.5포인트로 급등한 채 종료되었다면 이 콜옵션매수자는 당일 종가지수 156.5포인트에서 권리행사가격 155포인트를 차감한 1.5포인트의 이익을 얻게 된다. 이를 금전으로 환산하면 1계약당 1,000원(0.01포인트×10만 원)에 매수한 콜옵션으로 15만 원(1.5포인트×10만 원)의 이익을 얻었으므로 투자원금 대비 150배의 수익을 올린 셈이다. 그러나 이러한 경우는 극히 일어나기 힘든 상황이어서 실제 장에서는 이 콜옵션매수자가 투자원금만 잃게 되는 것이 보통이다.

이와 같은 대박은 9·11테러나 1997년의 외환위기와 같은 사회적·경제적 충격이 발생할 때 일어난다. 이렇게 급격한 가격변동의 요행을 바라고 옵션에 투자하는 것은 투자자금으로 모두 복권을 사는 것과 같이 아주 무모한 행동이다. 따라서 권리행사 실현가능성이 높은 종목의 옵션을 거래하는 것이 이익을 얻을 가능성이 높다는 사실을 명심하자.

옵션투자의 핵심은 내재가치와 시간가치다

옵션가격은 일정 기간 내에 특정 대상물을 살 수 있는 권리(콜옵션)와 팔 수 있는 권리(풋옵션)의 가격을 말하며, 이러한 옵션가격은 내재가치와 시간가치(time value)*로 구성된다.

내재가치

내재가치는 옵션의 권리를 행사하는 경우 확실하게 얻을 수 있는 이익으로 행사가치(exercise value) 또는 본질가치라고도 하며 권리행사가격과 대상자산의 가격만으로 결정된다.

콜옵션은 권리행사가격이 현재가격보다 낮을 때 가치를 가지며, 권리행사가격이 현재가격보다 낮을수록 가치가 증가하는 반면, 권리행사가격이 현재가격보다 높을 때에는 옵션이 행사되지 않으므로 내재가치가 '0'이 된다.

풋옵션은 권리행사가격이 현재가격보다 높을 때 가치를 가지며, 권리행사가격이 현재가격보다 높을수록 가치가 증가하고, 권리행사가격이 현재가격보다 낮을 때에는 옵션이 행사되지 않으므로 내재가치가 '0'이 된다.

또한 권리행사가격과 현재가격이 같은 옵션을 등가격옵션이라 하고, 내재가치가 '0'보다 큰 옵션을 내가격(in the money)옵션, 내재가치가 없는 옵션을 외가격(out of the money)*옵션이라고 한다.

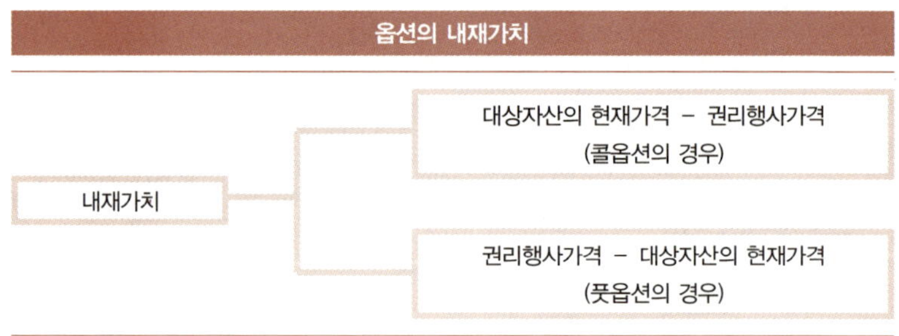

시간가치

시간가치는 옵션가격(옵션 프리미엄)이 내재가치를 초과하는 부분으로
외재가치(extrinsic value)라고도 하며 이익실현에 대한 가능성이라고
한다.

$$옵션의\ 시간가치 = 옵션가격 - 옵션\ 내재가치$$

옵션 중에는 외가격옵션과 같이 행사가치가 '0'인 옵션이 존재한
다. 그러나 외가격옵션도 만기일까지 기간 동안 주가가 유리하게 움
직여 얼마든지 이익을 얻을 가능성이 있기 때문에 일정한 시간가치
를 가지게 된다. 즉 시간가치는 옵션의 잔존 기간 중의 기대가치이
므로 만기까지의 잔존기간 및 대상자산의 가격변동성에 영향을 받
는다. 옵션의 만기가 가까워질수록 시간가치는 점점 감소해 만기일
에는 시간가치가 '0'에 수렴하는데, 이는 곧 권리행사가 되어 행사
가격과 거래대상자산의 가격으로 손익이 확정되기 때문이다. 거래
대상자산 가격이 변동할 시간이 점점 줄게 되므로 시간가치가 점점
감소하는 것이다.

만기일까지 잔존기간이 동일할 경우 시간가치는 등가격일 때 가장
높고, 심내가격(deep in the money)과 심외가격(deep out of the money)으
로 갈수록 낮아진다. 또한 대상자산의 가격변동성이 클수록 만기일
에 좀더 많은 이익을 실현할 가능성이 높아지고 결국 시간가치가 증
가해 옵션가격 역시 높아진다.

전문가들이 보는 위험관리 지표들

전문적인 옵션투자자들은 옵션 보유에 따른 리스크를 상당히 의식하고 있다. 여기에서의 리스크란 단순히 옵션만기 때의 리스크뿐 아니라, 현재 시점의 옵션포지션 리스크도 동시에 의미한다. 옵션가격은 여러 가지 변수 즉 대상자산의 현물가격, 권리행사가격, 대상자산의 가격변동성, 금리, 만기까지의 잔존일수 등의 변수에 따라 결정된다는 점을 알고 있다. 만약 이들 변수의 변화에 따른 옵션가격의 변화 정도를 수치로 파악할 수 있다면 옵션투자전략을 수립하는 데 상당한 도움이 될 것이다.

전문적인 옵션투자자들은 옵션가격을 결정하는 5개 변수의 변화에 따른 옵션가격의 변화 정도 또는 옵션포지션의 리스크 변화를 측정할 수 있는 지표를 만들었는데, 각각의 위험지표를 그리스문자로 명명했다고 하여 이를 'Greeks' 또는 'Greek Letters'라고 부른다. 이는 투자자가 현재 보유하고 있는 포트폴리오가 시장상황의 변화에 따라 어떤 이익을 얻을 수 있는가 또는 어떤 위험에 노출되어 있는가를 나타내는 지표로서 중요한 역할을 한다.

이러한 위험지표에는 대상자산 가격의 움직임에 따른 옵션포지션의 위험노출 정도를 의미하는 델타(Δ), 대상자산 가격이 변화함에 따라서 델타가 얼마나 빨리 변화하는지를 나타내는 감마(γ), 옵션의 잔존일수가 하루 줄어들 경우 옵션의 가치가 하락하는 정도를 측정하는 세타(Θ), 가격변동성의 변화에 따른 옵션 가격의 변동분을 의미하는 베가(υ), 이자율의 변화에 따른 옵션가치 변동분을 나타내는 지표 로(ρ)가 있다.

FRB 의장 그린스펀과 맞서지 말라

앨런 그린스펀(Alan Greenspan)은 2005년 임기가 끝나긴 했지만 정권이 몇 번이나 바뀌었음에도 불구하고 미국의 통화정책을 담당하는 연방준비제도이사회(FRB) 의장직을 1987년 이후 18년 간에 걸쳐 수행한 신화적인 존재다. 그의 말 한 마디는 전세계 경제에 대단한 파장을 미쳤다. '그린스펀과 맞서지 말라'는 말은 월스트리트의 투자 전문가들이 FRB 통화정책에 싸움을 걸면서 겪은 뼈져린 경험에서 나온 격언이다. "그린스펀의 재채기에 유럽(이를 한국으로 바꾸어도 마찬가지다)은 감기에 걸린다"는 말이 있다. 과거에 그는 금리인상을 단행하면서 "우리는 주식시장의 투기거품을 터뜨릴 수 있을 것이라고 기대한다"고 말한 적이 있다. 비이성적인 증시 열기를 식히기 위해 통화정책을 의도적으로 사용했다고 시인하는 강력한 경고 메시지였다.

FRB가 국내 인플레이션과 싸우기 위해 금리를 올리면 외국인들은 미국에 대한 투자기회가 확대되었다는 것을 알게 된다. 그러나 미국 재무부채권이나 주식 같은 자산을 획득하기 위해서는 먼저 자국화폐를 달러로 바꾸어야 한다. 이 환전으로 달러에 대한 수요가 늘고 다른 통화에 비해 달러 가치는 높아진다. 여기서 재미있는 점은 특수한 조건 아래 FRB의 금리인상 결정은 주요 대미 무역국가를 매우 어렵게 만들 수 있다는 것이다.

FRB의 금리인상으로 인해 유럽 국가가 안게 되는 딜레마를 생각해 보자.

미국 경제가 과열되자 FRB는 금리를 올려 경제의 줄을 당기려 하고 있다. 독일과 프랑스는 미국보다 느리게 성장하는 반면, 이탈리아, 스페인 등 ECU 동맹국들은 높은 실업률에 직면해 있다고 하자. 이제 유럽은 딜레마에 빠져 있다. 미국의 금리인상으로 약화된 유로화 가치에 비해 달러화 가치는 점차 상승하게 된다. 미국의 고금리로 유럽 투자자본은 유럽으로부터 돈벌이가 되는 미국으로 이동한다. 자금유출로 인해 유럽 경제는 휘청거리고 런던과 파리증시는 약세로 전환한다. 유럽인들의 대안은 무엇일까?

첫번째 대안은 투자자본이 빠져나가도 아무런 대처 없이 자국의 통화가치가 떨어지도록 그냥 내버려두는 것이다. 이 대안은 달러 강세와 유로화 약세로 유럽의 대미 수출량이 늘어난다는 이점이 있다. 그 결과 유럽의 수출 산업과 경제를 자극하는 데 도움이 된다. 반면에 미국으로부터의 수입품은 유로화 약세 때문에 가격이 치솟고 유럽 경제에는 인플레이션 효과가 일어난다.

두번째 대안은 유럽중앙은행이 FRB와 똑같은 비율로 금리인상을 단행해 미국으로 빠져나가려는 유럽 자본을 막는 것이다. 그러나 여기에는 유럽 경제를 망가뜨릴 수 있는 위험이 도사리고 있다. 이 대안으로 결정난다면 유럽인들은 미 FRB처럼 통화긴축을 실시할 것이다. 그러나 미국은 이미 인플레이션과 완전고용 상태에 있는 반면, 유럽은 장기 침체로 몸살을 앓고 있다는 커다란 차이가 있다. 이러한 통화정책은 상황을 더욱 악화시킬 뿐이다.

이 얘기의 초점은 미국 내 통화정책 변화가 불가피하게 세계 금융시장에 큰 영향을 미친다는 점을 강조한 것이다. 이러한 상황을 주도면밀하게 지켜본 투자자들은 미국 공채를 매입하거나 유럽주식의 공매(空賣 : short sale)에 나설 것이다. 또는 수출비중이 큰 유럽 기업 주식에 투자할 것이다. FRB가 금리인상을 할 때 한국은행이 금리인상에 고민하는 이유도 같은 맥락에서 이해하면 좋을 것이다.

시대가 변하면
금융상품도 변한다

주가지수를 주식처럼 매매하는 상장지수펀드

ETF(Exchange Traded Funds)는 특정한 주가지수의 움직임에 연동해서 운용되는 인덱스펀드의 일종이다. 펀드 자체가 주식 형태로 거래소에 상장되어 주식과 마찬가지로 실시간으로 매매된다. 따라서 투자자들은 시장에서 현재 거래되는 가격으로 ETFs를 사고 팔 수 있다. 코스피 200이나 코스피 50 등 주가지수와 같은 수익률을 내도록 설계되었기 때문에 최소한 주가지수 상승폭 이상의 수익을 거둘 수 있고 거래소에 상장되어 있어 환금성도 높다.

ETF의 최대의 장점은 펀드와 주식의 특징을 두루 갖추고 있다는 점이다. 특히 적은 돈으로 주가지수 상승률을 따라 잡을 수 있어 개인투자자에게 유용한 투자수단이다. 예를 들어 코스피지수가 900포인트일 때 펀드에 가입했다고 가정하자. 이 투자자의 목표수익률은

1년 이내에 15%를 달성하는 것이다. 그런데 펀드 가입 이후 주가지수가 1050포인트로 상승해 1개월 만에 목표를 초과달성하게 되었다고 하자. 보통 투자자들은 펀드를 환매하여 수익을 실현하고자 할 것이다. 그런데 투자자가 중도에 펀드를 환매할 경우, 환매수수료*라는 제약 요인이 존재한다. 특히 3개월 이내에 환매수수료는 이익금의 60% 정도로 높다. 수수료가 아까워서 환매하지 않고 있다가 그 후 주가지수가 하락해 목표수익률을 달성하지 못하는 경우도 허다하다. 그런데 ETF에는 중도환매수수료가 전혀 없기 때문에, 투자 후 단기간 내에 펀드를 환매할 때에도 따로 환매수수료를 부담할 필요 없이 주식을 매도함으로써 매우 저렴하게 현금화할 수 있다.

또한 ETF는 주식 바스켓 또는 주가지수선물을 이용한 차익거래가 가능하다. 차익거래란 추가적인 자금과 위험을 부담하지 않고 이익을 얻을 수 있는 전략이다. 예컨대 코스피 200 지수를 추적하는 ETFs와 코스피 200 선물과 차익거래를 할 수 있으며, 주식포트폴리오와 ETF 간의 차익거래도 가능하다.

02

증권으로 실물자산에 투자하는
리츠와 선박투자펀드

부동산투자신탁인 리츠(REITs : Real Estate Investment Trusts)와 선박투자펀드 모두 자금을 모아 부동산이나 선박에 투자하는 실물투자라는 공통점이 있다. 리츠는 부동산투자펀드로 투자자들로부터 자금을 모아 부동산에 투자한 후 부동산 임대, 부동산 개발사업, 주택저당채권, 부동산 매각 등에서 나오는 이익을 배당의 형태로 투자자에게 돌려준다. 선박투자펀드도 부동산투자펀드와 비슷하게 자금을 모아 배를 사거나 만들어 이를 임대해 수익을 배당한다.

실질적으로 리츠와 선박투자펀드는 투자 대상의 차이만 있을 뿐 두 가지 모두 유사하므로 여기서는 리츠를 중심으로 설명한다.

이들 실물 투자펀드들은 주식보다 수익률의 변동위험이 작고 일정한 배당을 제공하기에 안정적인 노후생활 자금 마련에 적합한 상품들이다.

보통 개인들이 부동산투자를 할 경우 대규모 자금이 필요하며 부동산에 관한 정보도 전문가보다 떨어진다. 게다가 부동산을 보유한 경우 자금이 필요하여 매도하고 싶어도 이에 대한 유동성 부족으로 환금이 쉽지 않고 거래중개 비용도 많이 들 뿐 아니라 세금부담도 크다. 이러한 직접투자의 어려움을 극복하는 방법이 리츠를 통한 부동산간접투자다.

리츠의 장점을 살펴보자. 부동산에 직접투자를 하려면 많은 돈이 있어야 하지만 리츠를 이용하면 5만~6만 원 정도만 있어도 수천억 원짜리 빌딩에 투자할 수 있다. 리츠의 주가는 대부분 5,000~6,000원 사이인데, 최소 매매단위는 10주이므로 5만~6만 원만 있으면 부동산 간접투자가 가능하다. 그리고 부동산투자는 유동성이 떨어져서 현금화가 쉽지 않고 중개수수료 등 거래비용이 많이 든다. 반면 리츠는 일반 주식만큼 유동성이 높지 않지만, 거래소시장에서 언제든 거래가 가능하고, 거래비용도 거래수수료와 증권거래세가 전부이므로 부동산 거래에 비해 매우 저렴하다. 이 밖에 부동산을 직접투자할 경우에는, 취득할 때 취득세와 등록세를, 매각할 때 양도소득세를 내야 한다. 하지만 리츠는 취득세와 등록세가 감면되어 비용 면에서도 유리하다. 마지막으로 부동산에 직접투자할 때는 많은 시간과 발품을 팔아야 한다. 그러나 리츠 투자를 하면 전문가들이 이런 절차를 대행해 주므로 적은 시간과 노력으로 투자가 가능하다.

이와 같은 리츠의 장점에도 불구하고, 리츠는 예금자보호대상 상품이 아니라는 점에 주의해야 한다. 따라서 자산운용회사가 추진하는 사업의 사업성을 반드시 검토해야 하며, 시행회사나 시공회사가 건실한지 여부도 따져보아야 한다. 뿐만 아니라 자산운용회사가 부동산투자펀드를 운용하고 관리할 전문인력을 갖추었는지도 점검해야 한다.

리츠는 상품에 따라 만기가 존재하여 만기시 투자 대상 부동산을 매각한다. 만약 5년 만기가 되어서 청산할 때 투자 대상 부동산의 매각 여부가 불투명하거나 부동산경기 침체로 인해 불리한 가격으로 부동산이 매각된다면 원금에 대한 손실이 발생할 수 있다.

주가에 따라 수익이 결정되는 주가연계증권

주식 관련 사채 외에도 최근 금융공학의 눈부신 발달로 기존의 사채와는 다른 특성을 지닌 신종 금융상품들이 속속 등장하고 있다. 그 중 대표적인 것으로 주가변동에 연계해 이익이 결정되는 주가연계증권(ELS : Equity-Linked Securities)을 들 수 있다

ELS는 2003년 3월 국내에 처음 도입된 신종 파생금융상품의 하나로 이자나 원금이 개별 주식 또는 주가지수에 연계되어 있는 유가증권이다. 장외파생금융상품업 인가를 받은 증권회사가 발행할 수 있다.

만기는 1년 이하의 단기상품이 주종을 이루었으나, 최근 3년 이상의 장기상품도 많이 발행되고 있다. ELS는 주식이나 채권에 비해 손익구조가 복잡하고, 또한 주가변동에 따라 손실이 발생할 수도 있다.

ELS는 파생상품(옵션)이 결합되어 있으며 결합된 옵션의 종류에

따라 다양한 수익구조의 상품이 설계될 수 있다. ELS 발행 유형으로는 크게 넉아웃형, 불스프레드형, 리버스컨버터블형, 디지털형 등으로 분류할 수 있다.

국내 시장에서 발행되는 ELS는 넉아웃형과 디지털형 ELS가 대부분이므로 이들을 중심으로 살펴보자.

먼저, 넉아웃(knock-out)형은 투자기간 중 주가지수가 정해진 상한 가격에 도달하지 않는 경우 만기 시점의 주가지수 상승률에 따라 수익률이 결정되고, 투자 기간 중 한 번이라도 상한 가격에 도달하면 계약시 정한 수익을 보장하는 상품이다. 반면 디지털형 ELS는 만기 시점 주가지수에 의해서만 수익률이 결정되는 유형으로 만기 시점의 주가지수가 기준 가격 이상이면 약정한 수익을 지급하고, 기준 가격보다 낮으면 원금만 지급하는 구조다.

일부 ELS는 주가에 따라 원금에 손실이 발생할 수 있고, 원금보장이 되는 ELS라도 발행한 증권회사가 부도가 나는 경우 원리금을 받지 못하는 위험도 존재한다. 따라서 ELS에 투자할 때는 해당 상품의 수익구조, 증권사의 신용도나 명성, 그리고 원금보장 여부를 꼼꼼히 확인해야 한다.

04

고가주를 소액으로 매매하는
주식워런트증권

주식워런트증권(ELW : Equity-Linked Warrants)은 특정 주가 또는 주가지수의 변동과 연계해 미리 정해진 방법에 따라 만기시 주권의 매매 또는 현금을 수수하는 권리가 부여된 신종증권이다. 세계적으로 21개 국가에서 활발히 거래되고 있는 금융상품이다. 우리나라에서는 2005년 12월부터 일반투자자들이 거래소시장을 통해 투자할 수 있다.

ELW는 신용도가 높은 대형 증권회사가 유가증권시장에 상장된 대형 우량주식 100종목(코스피 100 구성종목) 또는 코스피 200 지수를 대상으로 발행할 수 있다. 예를 들면 삼성증권이 현대자동차의 주가와 연계한 현대자동차 ELW나, 코스피 200 지수와 연계해 코스피 200 ELW를 발행할 수 있다.

ELW는 삼성전자, 현대자동차 등과 같은 고가주에 주식투자하는 것보다 적은 금액으로 매수하는 효과를 누릴 수 있다는 장점을 지닌다.

그렇다면 현대자동차 보통주*에 직접 투자했을 때와 현대자동차 ELW에 투자했을 때의 투자금액과 투자수익률을 비교해 보자. 현대자동차 보통주를 7만 2,000원의 가격으로 시장에 매수할 경우 1년 후 주가가 9만 원이 되면, 투자수익은 1만 8,000원(1년 후 주가 9만 원-투자원금 7만 2,000원), 투자수익률은 25%(투자수익 1만 8,000원÷투자원금 7만 2,000원)가 된다. 이에 반해 현대자동차 보통주를 1년 후 8만 원에 매수할 수 있는 권리인 ELW를 5,000원에 매수한다고 가정하자. 이 경우 1년 후 현대자동차 주가가 9만 원이 되면, 투자수익은 5,000원(1년 후 주가 9만 원-미리 정한 매수가격 8만 원-투자원금 5,000원), 투자수익률은 100%(투자수익 5,000원÷투자원금 5,000원)가 된다. ELW 투자의 경우가 주식투자보다 적은 투자금액으로 더 큰 이익을 거두는 레버리지 효과가 있음을 알 수 있다.

또한 발행된 ELW는 거래소시장에 즉시 상장·유통되고 증권회사가 항상 매수·매도 호가를 제시하므로 투자자는 언제든 적정한 가격으로 거래할 수 있다. 그러나 ELW는 주식이 아니기 때문에 주주로서의 의결권 행사나 배당금 수령이 안 된다.

월가의 큰 손, 피터 린치

피터 린치는 미국 최대의 투자신탁기금인 피델리티 마젤란펀드의 펀드매니저였다. 그는 10년 사이에 100만 명의 고객에게 25배의 이익을 안겨주는 전설적인 기록을 남기고 1990년 5월, 46살의 한창 나이에 소홀했던 가정을 위해 펀드매니저 자리에서 물러나 월가를 미련없이 떠난 인물이다.

그는 골프장 캐디로 아르바이트를 하면서 주식투자에 눈을 떴는데, 대학 2학년 때인 1963년에는 플라잉타이거 항공사 주식을 주당 7달러에 사서 베트남 전쟁에 따른 항공사 특수에 힘입어 2개월 만에 5배의 이익을 보았다. 대학 3학년 때 그는 골프장에서 팁을 후하게 주던 조지 설리반 피델리티 회장의 권유로 피델리티사에서 아르바이트를 하게 되었다. 당시에 피델리티는 뮤추얼펀드에서 커다란 성공을 거두고 있었는데, 거기에서 실제 경험을 쌓아 펜실베니아 대학 경영대학원인 와튼스쿨에서 주식투자 이론을 공부하게 되었다.

와튼에서 통계학과 계량경영분석기법을 공부했지만 실제 주식투자 성공과는 너무나 거리가 멀다는 사실을 알았다. 이미 피텔리티에서 증시의 이론적 합리성과는 상관없는 탁월한 식견과 경험으로 투자에 성공한 경험이 있었기 때문이다. 그가 1969년 군대 제대 후 피텔리티에 정식 기업분석가로 입사할 당시 미국주가는 급락상태에 있었고, 1974년 6월 조사담당 이사로 승진했을 때 다우존스지수는 3개월 간 250포인트가 하락했다. 또한 1977년 5월 피델리티 마젤란펀드의 총책임자가 되었을 때도 다우존스지수는 5개월에 걸쳐 800포인트나 하락했다. 당시 피델리티 마젤란펀드는 2,000만 달러의 자산에 포트폴리오 구성종목은 40개였다. 피델리티의 총수인 네드 존슨은 구성종목 수를 줄이라고 했지만, 그는 오히려 60개로 늘리고 다시 6개월 후에는 100개로 늘였다. 이러한 방식을 되풀이한 결과 한때 1,400개 종목까지 보유하게 되었다.

월가에서는 린치는 싫어하는 주식이 한 종목도 없는 사람이라고 불리었다. 그러나 그는 무턱대고 산 것이 아니라 나름대로 유망하다고 판단되는 종목을 산 것이다. 그러는 동안 피델리티 마젤란 펀드의 자산은 90억 달러로 크게 늘어 있었다.

그는 "유망하고 흥미진진한 주식인데도 무슨 이유에서인지 사람들은 그것을 보지 못하는 것 같다"고 말했다. 그는 또 "연구를 하지 않고 투자하는 것은 포커를 하면서 카드를 보지 않는 것과 같다"고 말했다.

그는 자전적 소설인 《월가의 영웅》에서 "주식투자에 선천적인 자질이란 존재하지 않는다", "더 이상 전문가의 말을 듣지 말아라", "장세 자체는 상관하지 말아라"라고 주장했다. 그가 20년 동안 주식투자 업무에 종사하면서 깨달은 사실은 보통 사람이라도 두뇌의 3% 정도를 투자를 위해서 사용한다면, 월가의 전문가보다 주식투자를 더 잘 할 수 있거나 적어도 그들 만큼은 해낼 수 있다는 것이었다.

아무튼 그는 1977년에 2,000만 달러에 불과했던 피텔리티 마젤란펀드의 운용책임을 맡은 후, 13년 동안 무려 660배에 달하는 132억 달러로 펀드자산을 불려놓는 수완을 발휘했다.

성공하는 투자자에겐 원칙이 있다

나 자신을 먼저 알아야 한다

어려운 싸움이나 경기에 임할 때, 우리들은 지피지기면 백전백승이라는 손자병법의 명언을 되새기며 싸움을 준비한다. 주식시장은 성공만큼이나 실패의 확률도 높은 금융전쟁터다. 투자가 너무 어려워서 일까? 아니면 나를 모르고 투자에 나서는 부적격 투자자들이 많기 때문은 아닐까? 후자가 더 설득력이 있다고 본다. 투자실패를 괜히 증권전문가나 시황 등의 탓으로만 돌려서는 영원한 패자에 머무를 수밖에 없다. 기분 나쁘게 들릴지 모르지만, 투자 전에 스스로 투자자격이 있는 투자자인지 냉정하게 생각해 보자. 그리고 투자가 자신에게 적합하다고 결론이 나면 실제 투자를 어떻게 할지 준비하자. 혹시 직접투자가 부적합한 것으로 결론 나더라도 너무 실망할 필요는 없다. 간접투자를 이용하면 된다.

사회와 경제의 흐름을 읽을 수 있는가?

모든 투자 대상은 경제상황에 따라 그 가격이 변한다. 투자자라면 경제변수들의 움직임에 따른 개별 투자 대상의 가격변동 원칙이나 미래 움직임을 예측할 수 있어야만 한다. 언젠가 《경제기사는 돈이다》라는 책이 베스트셀러가 된 적이 있다. 그만큼 경제기사 속에는 자금의 흐름을 판가름할 수 있는 국내 · 외 동향, 재정, 금융 및 사회 현실에 대한 많은 사실들이 보도되고 있다. 따라서 투자에 관심이 있다면 스포츠신문이나 TV오락 프로그램에 시간을 소모하기보다는 경제지에 관심을 두어야 한다. 그러나 일반투자자들은 경제신문을 잘 읽지 않거나, 읽더라도 시황란이나 증권 면만 한정적으로 살펴보는 경우가 많다. 물론 증권 관련 기사들은 과거의 시장 흐름을 이해하는 데 도움이 되지만, 과거 정보만을 갖고 향후의 주가나 경제 흐름을 예측하는 데는 한계가 있다. 즉 경제 관련 보도뿐 아니라 사회, 문화와 관련된 기사 속에도 경제 흐름을 추측할 수 있는 훌륭한 정보가 많이 숨어 있다. 성공투자를 꿈꾸는 투자자라면, 보도기사가 주가에 어떤 영향을 미칠 것인지에 대한 숨은 행간을 읽을 수 있어야 한다.

투자 대상을 정확하게 이해하고 있는가?

시장에는 하루가 다르게 새로운 상품들이 쏟아지고 있다. 이들 신상품은 다양한 소비자의 기호에 맞추어 기존 상품들을 혼합하거나 변형시킨 상품이 대부분이다. 일례로 채권과 옵션을 혼합해서 만든 주가연계증권을 보자. 이 상품은 만기시 주가 수준 등에 따라 수익이 결정되도록 설계된다. 그런데 일반인이 복잡한 파생상품의 만기수익구조(pay-off)를 정확하게 이해하는 것은 쉽지 않다. 그러므로 상품에 대한 정확한 이해 없이 전문가 추천 상품에 투자하는 것은 매우 위험하다. 힘들더라도 상품에 대한 정확한 지식을 갖추어야 한다.

남보다 한 발 앞설 용기가 있는가?

많은 사람들은 다수와 함께 보조를 취해야 위험이 덜하다고 생각한다. 그러나 투자의 세계에서는 남보다 한 발 앞설 수 있는 용기가 필요하다. 제대로 알기만 하면 먼저 투자하는 것이 오히려 안전한 투자기회일 수 있다. 주위에서 주식투자에 모두 관심을 가질 때는 피하고, 주위 사람들이 주식에 고개를 저을 때 투자하는 사람이 성공할 가능성이 높다. 이런 사람들은 대부분 자신감을 갖춘 장기투자자들이다. 이 자신감은 미래 상황에 대한 시나리오를 갖고서 위험관리를 하고 사전에 충분한 준비를 하는 가운데 생긴다. 따라서 자신감이 있는 투자자는 잘못된 정보나 급변하는 경제환경에 민감하게 반응하여 단기매매를 하지 않는다. 오히려 자신만의 투자운용계획을 지키면서 장기적으로 대응한다.

뚜렷한 투자 목적을 가지고 있는가?

투자 목적이 뚜렷해야 투자에 성공할 수 있다. 왜냐하면 투자 목적에 따라 기대수익률과 투자 기간이 결정되기 때문이다. 은퇴 후 생활을 대비한 투자라면 1~2년 간의 수익률보다는 10년 또는 20년 동안의 연평균수익률을 예상하고 투자한다. 장기투자수익률은 1년 만

기 정기예금수익률보다는 물론이고 최소한 물가상승률보다 높아야
한다. 이때 주식투자는 위험을 장기간에 걸쳐 분산할 수 있기 때문
에 적합한 투자 대상이 될 수 있다. 반면에 1년 내에 지출이 예상되
는 단기자금의 경우라면, 주식과 같이 손실위험이 있는 상품보다는
안전한 채권이나 RP, 은행예금 등이 적합하다.

02

투자에도 설계도가 필요하다

보통 재산증식에 관심이 많은 사람들은 부동산이나 증권, 은행상품 등에 관한 정보를 수집하거나 주위 사람들에게 무엇에 투자해야 하는지를 묻는 일부터 시작한다. 그러나 이는 본말이 전도된 접근방법이다. 왜냐하면 모든 이에게 맞는 재산증식 기술은 없으며 이에 대한 정답을 구하기는 더욱 힘들기 때문이다.

오히려 기본으로 돌아가 자신의 재무목표의 성격과 내용을 명확히 하는 일부터 시작해야 한다. '왜 돈을 모아야 하는지'와 같은 확실한 목표가 있어야 한다. 그런 연후에 목표를 달성할 방법을 연구해야 한다. 재무목표를 달성하기 위해서는 먼저 구체적인 재무설계부터 시작하는 것이 올바른 첫 출발이다. 그 재무설계에 따라 금융상품을 선택한다면 자신에게 가장 적합한 금융상품 선택이 자연스럽게 가능해진다. 시중에 나와 있는 비슷하면서도 조금씩 다른 수많은 금융상품들 중 어떤 것을 선택할지에 쓸데없이 시간과 노력을 허비하는 일은 그만하자.

구체적으로 재무설계를 어떻게 할지 살펴보자. 예를 들어 5년 후 3억 원 정도의 아파트를 구입할 계획이라고 하자. 먼저 지금 가지고 있는 목돈과 향후 5년 동안 모아야 할 금액을 계산한다. 그리고 월 또는 연단위로 갖게 될 수입과 저축 가능한 금액이 얼마나 되는지를 분석한다. 다음으로 매월 저축 가능한 금액을 몇 %의 수익률로 운용해야 아파트 매입자금을 마련할 수 있는지 계산한다. 이 단계에서 더 높은 수익을 얻을 수 있는 상품이 무엇인지 찾는 작업이 필요하다. 목표투자수익률을 계산하는 데 금융지식이 부족하면 어려움을 겪을 수 있다. 그러나 조금만 관심을 갖고 주위에 자문을 구하거나 책을 찾아보면 충분히 계산할 수 있기 때문에 크게 걱정할 필요는 없다.

한편 금융상품 선택시에 원금보전의 안정성보다 수익성을 우선해서 상품을 선택한다는 것에 불안한 생각이 들 수도 있다. 하지만 이 것은 5년이라는 장기투자 기간을 염두에 두고 있기 때문에 문제가 될 가능성이 낮다. 즉 5년 정도 적립해서 원금이 나오지 않는 금융상품은 거의 없기 때문에 아주 높은 고수익 추구가 아니라면 원금보전을 큰 고려대상으로 삼을 필요는 없다.

이제 더 이상 잡다한 금융상품의 홍수 속에서 헤매지 말고, 스스로 재무목표를 세우고 재무적 무지에서 벗어나기 위해 공부하자. 그러면 지혜로운 부자가 되기 위한 준비가 갖추어진 것이다.

투자의 3대 원칙을 지켜라

주식투자자가 꼭 지켜야 할 3대 투자원칙에는 기업의 내재가치 분석을 통한 우량주투자, 분산투자, 손절매(stop-loss)*를 통한 위험관리원칙 등이 있다.

먼저 우량주 투자원칙을 살펴보자. 주식투자에 있어 완벽한 주가 예측 방법은 없지만 가장 일반적인 분석방법으로 기업의 내재가치를 시장가격인 주가와 비교하여 투자를 결정하는 기본적 분석방법이 있다. 주가는 단기적으로는 수요와 공급 또는 심리에 많은 영향을 받지만 장기적으로는 수익성, 성장성 등 기업가치에 수렴한다. 기본적 분석방법은 기업의 수익가치, 자산가치, 성장가치 등을 종합하여 기업의 내재가치를 산정한다. 그 후 주가와 내재가치를 비교해 현재의 주가보다 저평가시에는 매수하고 고평가시에는 매도하는 것이다. 물론 기본적 분석에 의한 주식매매도 기업의 내재가치 산정에는 어려움이 있다. 그러나 내재가치 이하로 저평가된 우량주식을 매입하는 것은 주가하락시 손실을 최소화하며 상승시 수익을 확대할 수 있는 가장 좋은 투자방법임에는 분명하다.

개인투자자들이 기업의 내재가치를 직접 분석하는 것은 쉽지 않으므로 증권사나 애널리스트들이 분석한 기업분석 자료를 참고하는 것이 유용하다. 그러나 이러한 자료들을 직접 검토하고 투자결정을 내리는 것은 투자자들의 몫임을 명심해야 한다.

다음으로 분산투자원칙이다. 이 원칙은 주식투자가 수익이 높은 만큼 위험도 높으므로 반드시 지켜야 하는 투자의 기본원칙이다. 주식투자에 성공한 많은 이들은 재산 3분법의 원칙에 입각해서 부동산, 현금, 채권, 주식 등에 각각 적절한 비율로 분배하여 투자한다. 이런 원칙을 지키면 마음에 여유가 생기고 주가하락으로 인한 고통을 크게 받지 않기 때문에 주식투자에 성공할 가능성이 높아진다.

주식투자 규모가 정해지면 몇 개 종목의 주식에 투자할 것인가의 문제가 대두된다. 일반투자자의 경우, 모든 종목에 정통하기가 어려울 뿐만 아니라, 많은 종목을 선택하는 경우 그 관리도 어렵다. 그렇다고 한 종목에 모두 투자하는 것도 바람직하지 않다. 주가의 미래는 예측할 수 없는 것이므로 매입한 종목에 치명적인 악재가 발생한다면, 돌이킬 수 없는 위험에 직면하기 때문이다. 그러므로 종목 선택은 시장상황과 여러 정보를 종합하여 업종별로 그리고 동종업종 내에서의 위치, 수익력, 성장성 등을 비교해 가면서 서서히 압축하고 몇 개 정도로 종목을 선정한 후 분산투자하는 것이 바람직하다.

　마지막으로 일반투자자가 지키기 어렵지만 꼭 지켜야 하는 위험 관리 법칙이 있다.

　주식투자에서 전문투자자와 일반투자자의 가장 큰 차이 중 하나가 시세예측이 어긋났을 때의 대처방법이다. 일반적으로 주가가 상승하는 경우에는 일반투자자들도 주식투자에 성공하고 있을 때이므로 대처방법이 비교적 쉽다. 그러나 강세장 지속을 예상하고 매수했으나, 시장 전체가 약세 기조로 바뀌거나 시장 선도주가 바뀜에 따라 매입한 종목이 큰 폭의 주가하락을 보일 경우 과감한 손절매 전략이 필요하다.

　주식투자에 성공하려면 상승가능성이 높은 종목을 초기에 잘 발굴하여 높은 수익을 올리는 선제투자도 중요하지만, 시세 예측이 빗나갔을 경우 손실을 가능한 줄이고 빠져나와 다음 투자에 대비하는 것도 현명한 투자방법이다. 주식시장의 장세에 따라 다르지만 전문투자자의 경우, 통상 투자원금 대비 10~20%의 손실이 단기간에 발생할 경우 손절매를 실행하는 것이 일반적이다.

04

중요한 변수는 반드시 체크하라

주가에 영향을 미치는 변수는 과연 몇 가지나 될까? 주가에 반영되는 정도에 따라 차이가 있겠지만, 적어도 수십 가지 이상은 될 것이다. 그 중 가장 기본적인 것이 기업 내용에 대한 분석과 국내외 경제 상황에 대한 시각을 확보하는 일이다.

먼저 주식투자의 시작은 해당 기업에 대한 분석에서부터 출발한다. 최소한 투자 대상회사가 어떠한 회사인지, CEO는 어떤 비전을 갖고 있는지, 과거 영업실적은 어떤지, 미래의 발전 가능성은 얼마나 되는지 등에 대한 객관화된 데이터를 분석할 수 있어야 한다. 회사들은 대차대조표, 손익계산서 등 재무보고서를 분기별, 반기별, 연간으로 발표한다. 투자를 위해서는 적어도 과거 5년 이상의 장기 상황을 분석할 필요가 있다.

더불어 주식시장은 경기 모멘텀의 움직임에 영향을 받는 시장이
므로 발표되는 각종 국내외 경제보고서는 반드시 검토해서 주가에
어떤 영향을 미치는지 연구해야 한다. 특히 경기지표 중 경기선행지
수, 기업실사지수(BSI)*, 소비자지수(CSI)가 중요하다. 이들 수치는 기
업의 향후 영업실적 등을 예측하는 데 도움을 주기 때문에 해당 주
가에 민감하게 반영된다. 아울러 전문 애널리스트들의 분석보고서
도 눈여겨볼 만하다. 이들은 각 분야에서 전문적 지식과 분석력을
바탕으로 경제상황 및 개별 종목에 대한 분석보고서를 작성한다. 투
자는 철저히 본인 스스로 결정해야 할지라도, 전문가의 견해는 일반
인이 놓치기 쉬운 내재적인 의미를 해석하여 제공할 수 있으므로 애
널리스트의 보고서들은 투자 참고자료로 활용하는 것이 바람직하
다. 그러나 이들 전문가도 시장을 잘못 해석할 가능성이 있고, 소속
회사의 입장에서 자유로울 수 없다는 한계가 있다. 따라서 한 애널
리스트의 분석을 맹신하는 것은 피해야 하며, 최소한 두세 곳 정도
의 증권사 분석보고서를 비교평가한 후 투자결정에 반영하는 것이
좋다.

05

인터넷 이용에도 옥석은 구분하라

증권회사의 HTS

최근 우리나라 가정의 인터넷 보급률은 67%에 달해, 일반인들의 정보획득 수단 중 주력 수단으로 자리잡았다. 이러한 추세는 은행거래나 주식매매에도 영향을 미쳐, 영업점을 방문하지 않고 인터넷 등을 통한 온라인 주식거래가 2005년 10월 말 현재 전체 거래의 54%를 차지하는 등 세계에서도 손꼽히는 인터넷 강국의 면모를 유감없이 과시하고 있다.

인터넷을 통해 증권회사가 고객에게 제공하는 서비스 중 가장 대표적인 것은 홈페이지와 HTS다. HTS를 이용하면 영업점주문이나 전화주문보다 훨씬 저렴한 비용으로 주식, 수익증권, 선물 및 옵션을 거래할 수 있다. 홈페이지에는 금융상품의 약관 및 투자설명서와

운용보고서가 제공된다. 또한 고객은 HTS를 통해 계좌잔고와 평가금액도 실시간으로 파악할 수 있어 편리하다. 지금까지는 주로 증권회사가 고객에게 일방적으로 정보를 전달하는 수단으로 홈페이지가 운영되어 왔다. 그러나 최근에는 고객과의 커뮤니케이션이 가능하도록 홈페이지를 개편하고 있다. 일부 증권회사는 고객의 성향을 분석하고 그 성향에 맞는 상품을 연결해 주는 프로그램도 개발 중이다. 조만간 직원을 직접 만나지 않고서도 상담을 받거나 금융상품에 가입할 수 있는 날이 올 것이다. 물론 모든 증권회사가 이와 같은 서비스를 제공하는 것은 아니다. 따라서 인터넷 서비스의 충실도 등을 고려해 서비스가 충실히 제공되는 증권회사를 이용하는 것이 좋다.

일반적으로 투자자들은 초기 투자에는 비교적 신중하지만 투자가 거듭될수록 기본 투자원칙 고수보다는 시장상황에 단기적으로 대응하는 매매의 유혹에 빠지기 쉽다. 인터넷을 이용한 온라인 거래는 저렴한 수수료 때문에 투자자를 빈번한 매매로 유혹하는 문제점도 있다. 또 인터넷에 의해 투자자들은 시장에서 유포되는 수많은 풍문이나 소문에 노출된다. 이들 풍문은 정확한 정보인 경우도 있지만, 일부는 투자판단을 흐리게 할 목적의 악성 루머인 경우도 있다. 반면에 투자자들이 증권회사에 거래계좌를 개설하고 HTS에 가입하면, 증권회사가 투자자에게 제공하는 많은 정보에 접근할 수 있는 권한이 생긴다. 전문가들이 생산한 양질의 보고서를 적은 비용을 들여 투자참고 자료로 활용할 수 있는 것이다. 인터넷을 통한 증권거래시에는 이러한 점을 고려하여 투자자 스스로 옥석을 가리는 안목을 꾸준히 향상시켜야 투자실패를 피할 수 있다.

각종 전자공시 시스템을 활용하자

이 외에도 기업에 관한 재무정보와 수시공시 정보들을 접할 수 있는 인터넷사이트가 많이 있다. 대표적인 것이 거래소의 전자공시 시스템(http://kind.sm.krx.co.kr)과 금융감독원의 전자공시 시스템(http://dart.fss.or.kr)이다.

거래소 상장회사들은 주가에 중요한 영향을 미치는 사안이 발생할 경우 공시를 통해 이를 투자자에게 알릴 의무가 있다. 이러한 공시의무를 위반할 경우, 투자자에게 막대한 피해가 발생할 수 있으므로 증권거래법은 공시의무를 위반한 회사를 처벌하는 규제를 두고 있다. 거래소 전자공시 시스템에 접속하면 누구나 해당 회사에 대한 최근 공시사항을 볼 수 있다. 이 시스템은 기업에 관한 정보를 수시로 제공하여 투자자를 보호하기 위해 만들어졌다. 이 시스템은 이용에 제한이 없어 누구나 자유롭게 이용할 수 있고, 투자판단에 필요한 기초 자료와 유용한 정보를 많이 가지고 있어 이를 잘 활용하면 증권투자에 큰 도움이 된다.

06

재테크 격언을 흘려듣지 말라

계란은 한 바구니에 담지 마라

이 격언은 계란 전부를 담은 바구니가 사소한 실수로 떨어졌을 때 계란이 모두 깨질 가능성이 있으니 주의하라는 의미다. 이 격언은 주식에도 그대로 적용될 수 있다. 한 종목에 보유자금 전부를 투자할 경우, 투자실패시 투자자금 전부를 잃을 수도 있기 때문이다. 사람은 누구나 돈에 대한 욕심이 커지거나 손실 폭이 커질 경우 단번에 손실을 만회하려는 욕망으로 전재산을 한 곳에 투자하는 이른바 '몰빵 투자의 유혹'에 직면하게 된다. 이럴 경우 이 격언을 되뇌면서 유혹을 떨쳐버리자.

재무목표와 설계가 없는 재테크는 허상이다

대개 초보투자자들은 주변 사람들이 주식투자로 얼마를 벌었다는 얘기를 듣고 투자를 시작한다. 이럴 경우, 명확한 투자목표 설정 없이 단기간에 허황된 수익률을 좇는 경우가 많다. 반면에 베테랑 투자자들은 수많은 투자실패·성공경험을 갖추고서 초보투자자들이 실수하기를 기다리고 있다. 따라서 투자자들은 전쟁에 임하는 병사처럼 전쟁수행 전략을 짜고 훈련에 훈련을 거듭하는 사전 준비를 해야 한다. 은행금리+α와 같은 구체적인 목표수익률과 몇 퍼센트 이상 손실발생시 매도한다는 손절매 원칙을 정하고, 자금의 성격에 따라 투자기간과 투자 대상, 자산별 배분비율도 설정해야 한다.

투자는 여유자금으로 하라

주식투자는 대부분 소규모 자금으로 조심스럽게 시작하는 게 일반적이다. 하지만 투자가 거듭되면서, 몇 번의 투자성공을 경험한 투자자는 자신의 투자 능력에 대한 자신감이 커져서 또는 투자손실을 입은 투자자는 단번에 손실을 만회하겠다는 다급한 마음에서 투자 규모를 늘리고 과감한 투자를 하게 된다. 심지어 은행이나 친척들로부터 돈을 빌리거나 증권사의 신용거래*를 이용해 투자 규모를 늘려나간다. 여유자금은 조금만 수익을 올려도 이익이 되지만 차입금은 이자를 지불해야 하기 때문에 그만큼 수익률을 높여야 하고, 실패시 신용불량자로 전락하거나 파산하는 등 위험이 높다. 이처럼 성공에 대한 심리적 부담이 지나치게 큰 투자는 무리한 투자를 낳아 성공할 가능성이 낮다. 특히 원금손실 가능성이 높은 주식투자는 일상생활에 큰 지장을 초래하지 않을 정도의 여유자금으로 투자에 임해야 불행을 막을 수 있음을 명심하자.

잠깐 쉬는 것도 투자다

주가는 주가에 영향을 미치는 다양한 변수에 의해 끊임없이 변한다. 투자자가 어떤 시점에 주식에 투자할 것인가를 결정할 때 맨 먼저 고려해야 하는 것은 그 시점의 장세가 상승세인지 하락세인지 판단하는 일이다. 그러나 증시 주변 상황이 너무 복잡해서 장세를 판단하기 어려운 때도 있다. 주가예측이 어려운 상황에서도 단기적 추세에 따른 매매를 하려고 시도하면 손실 위험이 증가한다. 이런 때는 주식을 사고 팔기보다는 현금을 확보한 후 객관적인 입장에서 시장의 동향을 냉정하게 바라보며 다음 투자를 대비하는 것이 좋다.

생선의 꼬리와 머리는 고양이에게 주라

주식시장은 끊임없이 변화는 생명체와 같아서 주가 움직임을 알 수 있다고 생각하는 순간 실수하는 경우가 많다. 전문투자자도 상승 초기(바닥)에 매수하여 최고점(상투)에서 매도할 수 있다고 자신할 수 없다. 지나친 자기 확신은 상황판단 능력을 저해하며 시장 움직임을 제대로 볼 수 있는 객관성을 상실하게 만든다. 오히려 자신이 틀릴 수 있다는 겸손한 마음가짐으로 시장 움직임을 관찰하고 투자를 즐길 수 있도록 노력하자. 무릎 부근에서 사서 어깨 부근에서 팔려는 마음가짐으로 투자에 임할 때 오히려 높은 수익을 얻을 수 있다.

손실은 자르고, 이익은 키워나가라

자신이 선물을 매수했을 경우 가격이 오르면 얼른 이익을 실현하고 싶고, 가격이 떨어져 손실이 발생하면 언젠가 자신이 생각한 만큼 가격이 상승해 손실을 금방 회복할 것 같은 생각이 든다. 그래서 시장의 방향을 잘 예측했음에도 불구하고 작은 이익을 얻는 것에 그치거나 방향을 잘못 예측했을 경우에 큰 손실을 보게 된다. '기회는 소녀처럼 왔다가 토끼처럼 간다'는 격언처럼 기회는 살그머니 왔다가 금방 달아나버린다. 자신의 생각대로 시장이 움직이면 이익을 키워나가고, 자신이 설정한 손실 한도에 이를 경우에는 과감하게 포지션을 청산해야만 성공적인 투자를 할 수 있다. 이러한 투자 습관은 단기적으로 손해일 수 있지만 장기적으로는 이익을 볼 확률이 높다.

07

이런 투자는 100% 실패한다

투자를 시작하면서 누구나 성공투자를 꿈꾼다. 그러나 투자는 상황에 따라 성공전략이 다를 수밖에 없어 이렇게 해야 성공한다고 제시하기는 어렵다. 반면에 실패한 투자에서 발견되는 공통적인 투자행태들을 거물로 삼아 투자에 임한다면 최소한 실패를 면할 수 있을 것이다.

양 또는 돼지형 투자자들

실패한 대부분의 투자자들은 주식이 무엇이고, 주식투자를 어떻게 해야 하는지조차 모른 채 그저 '남들이 돈을 벌었다고 하니까 나도 벌 수 있겠지' 하는 막연한 희망을 갖고 투자를 시작하는 경우가 많다. 목표수익률도 최소 50% 또는 경우에 따라서는 100~200%로 매우 높여 잡는다. 주식시장이 좋은 상황에서는 주식을 사기만 하면 오른다고 여겨, 주가가 떨어질 때 어느 수준에서 손절매할지 등 위험관리에 대해서는 생각조차 하지 않는다.

주식시장에는 황소와 곰, 양과 돼지와 같은 네 가지 동물이 등장한다. 곰은 앞발을 내리치며 물고기를 잡는 것처럼 약세장에서도 돈을 벌고, 황소는 두 뿔로 치받으며 강세장에서 수익을 낸다. 하지만 양은 투자에 대한 무지에서 비롯한 순진함으로, 그리고 돼지는 그저 돈만 벌겠다는 욕심에 눈이 멀어 곰과 황소의 먹이가 되고 만다.

기업에 대한 분석이 없는 투자

주식투자라면 머리를 흔드는 사람들은 "주가가 빠질 만큼 빠졌다고 생각해서 주식을 사면 주가가 내리고, 또 오를 만큼 올랐다고 해서 팔면 주가는 더 오른다"고 불평한다. 그러고는 자신이 주식투자에 소질이 없다고 결론을 내리고 투자를 포기한다. 그런데 정말 이들이 투자에 소질이 없는 것일까?

이들의 하소연은 일면 그럴 듯하게 보이지만, 조금만 더 생각해 보면 투자실패는 당연한 결과다. 다시 말해 주가가 하락 또는 상승하는 이유는 생각하지 않고, 단순히 '고점에서 얼마가 빠졌다' 또는 '저점에서 얼마가 올랐다' 라는 논리에 따라 투자를 결정한 데 기인한 것이다. 주가는 과거의 주가 수준이 아니라 미래의 수익력에 기초해서 결정된다는 사실을 간과한 것이다. 물론 개인투자자들이 기관투자자에 비해 정보수집 능력이 약한 것은 사실이지만, 기업의 기초 체력 분석 없는 투자는 100% 실패를 초래할 수밖에 없다.

매매 중독증

한 기업의 주가는 여러 가지의 요인으로 상승 또는 하락하는데, 이 같은 단기적 주가 움직임을 추종하다 보면 자신의 매매 패턴이 흔들리게 되고 심지어 매매중독증에 빠지기 쉽다.

매매중독증에 걸린 투자자들은 본업을 무시하고 주식시장의 매매거래시간 중에는 주식시세판에서 눈을 떼지 못하고, 잠자리에서도 시세판이 어른거려 잠을 이룰 수 없고, 당장 주식을 사지 않으면 손해를 볼 것 같은 강박관념에 사로잡힌다. 이러한 매매중독증은 올바른 투자판단을 흐리게 해서 투자실패를 낳을 뿐 아니라, 빈번한 매매에 수반되는 엄청난 금액의 매매수수료 부담을 초래한다. 아무리 온라인 거래 등을 통해 수수료를 절감한다 해도 세금을 포함하여 상당한 거래비용을 지불하게 되어 그 비용만큼 투자수익률이 낮아질 수밖에 없다. 초단기매매를 하는 데이트레이더*들의 투자수익률이 그다지 높지 않은 것도 수수료부담 때문이라고 할 수 있다.

저가주에 대한 선호

자금력이 부족한 일부 투자자들은 저가주에 집중 투자하는 경향이 종종 있다. 이들 저가주는 기업 내용이 극히 좋지 않은 경우가 대부분이고 루머나 이른바 작전 등에 따라 주가의 급등락도 매우 심한 편이다. 그런데도 왜 싼지 이유를 따져보지 않고 단순히 저가라는 데 현혹되어 투자하는 것은 투자실패를 자초하는 지름길이다.

루머나 신뢰할 수 없는 정보에 대한 맹신

인터넷 보급이 일반화됨에 따라, 일반투자자들은 인터넷 주식정보 사이트나 투자동호회 홈페이지 등 여러 인터넷사이트를 통해 정보를 쉽게 얻을 수 있다. 그런데 이들 정보는 사실인 경우도 있지만 신뢰성이 낮은 루머인 경우가 훨씬 더 많다. 그럼에도 불구하고 일부 개인투자자들은 확인되지 않은 정보를 신뢰하여 섣불리 투자결정에 반영하는 실수를 종종 저지른다.

역사상 가장 위대한 투자가, 워런 버핏의 투자철학

미국의 오마하라는 조그마한 동네에서 태어나고 자란 워런 버핏은 45년 동안 시장 수익률을 뛰어넘는 놀라운 투자성과를 보였다. 1956년 고향 오마하에서 친척과 친구들의 10만 달러도 안 되는 돈으로 투자를 시작하여 429억 달러를 만들었다. 그의 투자성과가 더욱 놀라운 것은 시장의 상황이 매번 변화했음에도 투자전략은 거의 변화가 없었다는 데 있다.

워런 버핏의 성공 뒤에는 벤저민 그레이엄, 필리 피셔, 찰리 밍거 등 세 명의 뛰어난 금융전문가들이 있었다. 투자자로서 버핏은 이들 세 사람의 합성체라고 말해도 과언이 아니다. 투자 교과서로 평가받는 《현명한 투자자(The Intelligent Investor)》라는 책을 통해 가치투자라는 개념을 처음으로 정립한 은사 벤저민 그레이엄은 버핏에게 기본적인 투자지식을 가르쳐 주었고, 투자 파트너 필리 피셔는 기업가치 분석법과 장기포트폴리오 관리 기법의 중요성을 인식시켜 주었고, 변호사인 찰리 밍거는 합병이나 인수의 경제적 이득에 대한 금융 아이디어와 법률적 조언을 제공했다.

이렇게 형성된 버핏의 투자전략이 다른 투자자들과 어떻게 다른지 주식을 분석하는 방법, 포트폴리오를 관리하는 방법, 그리고 주식시장에 대한 사고방식 면에서 살펴보자.

먼저 주식분석방법이다. 그는 주식을 분석할 때 주가는 무시하고 회사의 기업요소, 경영요소, 재무요소 등 기업의 특성에 역점을 두고 회사 전체를 인수하는 것처럼 해당 기업을 샅샅이 분석한다. 예를 들면 회사의 활동은 단순하고 이해하기 쉬운지, 오랜 역사를 가지고 있는지, 향후 전망이 밝은가를 평가한다. 더불어 경영자는 합리적이고 솔직한지, 업계의 관행에 도전할 용기를 갖추고 있는지, 자기자본수익률이 높은지 등의 자신만의 종목선택 원칙을 갖고 기업을 평가한다. 그런 다음 그 회사의 내재가치가 어느 정도 되는지 계산하고 비로소 주가를 살핀다.

다음으로 워런 버핏의 포트폴리오 관리원칙을 살펴보자. 그는 장기간 시장수익률을 상회할 수 있는 소수의 주식에 집중적으로 투자하고 단기적인 주가 등락에도 불구하고 꿋꿋하게 보유한다.

집중투자 대상을 선택하는 기준을 살펴보면, 첫째, 강력한 경영자가 관리하는 뛰어난 회사에 집중한다. 둘째, 진정으로 이해할 수 있는 기업들에만 투자한다. 셋째, 뛰어난 회사 중에서도 가장 뛰어난 회사를 선택한다. 넷째, 장기적으로 보유한다. 다섯째, 항상 주가는 변동하게 마련이므로 계속 보유한다. 단기적인 주가 변동으로 판단하지 말고 그 기업의 근본적인 가치를 관찰하라. 그리고 주식을 소유하는 것이 아니라 사업체를 소유한다고 생각해야 한다고 주장한다.

마지막으로 주식시장에 대한 사고방식이다. 버핏은 만일 당신이 투자자라면 기업이 어떻게 될 것인지에 관심을 갖고 살피겠지만, 투기꾼이라면 기업과 관계없이 주가가 어떻게 될 것인지에만 관심을 갖게 될 거라고 말하면서, 자신만의 투자원칙을 수립하라고 충고한다.

증권거래 분쟁은
거래소에서 해결한다

증권거래 분쟁 유형은 생각보다 다양하다

증권·선물시장은 높은 가격변동성에 따르는 고위험과 고도의 전문성이 요구되어 일반투자자가 시장에 참가하기가 쉽지 않다. 따라서 일반투자자는 적합한 투자 대상을 선택하기 위하여 증권회사나 선물회사(이하 '증권회사')의 조언을 받을 필요가 생긴다.

반면에 증권회사는 자기의 수익을 극대화하기 위하여 투자자의 투자판단에 적극적으로 개입할 동기를 가지게 된다.

이러한 구조 속에서 증권회사와 투자자의 관계는 여타 금융거래와는 다른 특수성을 지닌다. 예를 들어 증권회사 직원의 부적절한 투자권유를 통하여 손실을 보았거나 주문을 집행하는 과정에서 증권회사 직원의 업무해태로 불측의 손해를 보았다면 어떻게 해야 할 것인가?

증권·선물 투자(이하 '증권투자' 라 한다)를 하면서 법적 위험을 회피하려는 예방노력과 분쟁이 발생했을 때 현명하게 대처하는 자세는 증권투자를 통해 경제적 이익을 실현하기 위한 투자의 전제조건이다.

자주 발생하는 증권거래 분쟁의 유형

(과다)일임매매

전문 지식은 부족해도 증권투자를 통한 수익의 욕구가 강한 초보투자자에게는 증권회사 직원이 '알아서' 본인의 투자자산을 굴려 수익을 내주는 것처럼 편리한 투자방법이 없다.

이런 경우를 일임매매*라고 하며 증권거래법 및 선물거래법(이하 '법' 이라 한다)은 일임계약을 체결할 경우, 수량·가격 및 매매시기에 한하여 결정을 일임받아 서면으로 계약을 체결하도록 규정하고 있다.

그러나 실질적으로 서면계약서가 작성되는 경우는 거의 없으며 수량·가격 및 매매 시기 이외에 종목 등에 대해서도 일임하는 경우가 많으며 법원 역시 법에 의하지 않은 일임계약의 경우, 즉 '알아서 해주세요' 라고 말한 포괄적 일임계약의 유효성을 인정하고 있다.

문제는 일임계약을 통해 손실이 난 경우다. 투자자는 '알아서 수익을 내달랬더니 오히려 손실을 보았다' 며 이의를 제기하고 증권회사는 '알아서 해달라고 해서 해주었을 뿐이지 손실의 귀속은 투자자의 몫' 이라며 다툼이 발생하는 것이다.

그렇다면 일임계약으로 손실을 본 투자자는 구제받을 수 있을까?

유효한 위임계약에 따라 발생한 손실이니 만큼 구제받을 수 없는 것이 원칙이다.

그러나 증권회사가 위임의 범위에서 벗어난 거래를 함으로써 손실을 보았다면 이는 민법상 불법행위 또는 위임계약상 선량한 관리자의 주의의무를 위반한 것이 되어 손해배상을 받을 수 있다.

일반적으로 문제되는 것이 과다일임매매인데, 이는 증권회사가 수수료 수입을 증대시킬 목적으로 투자자의 일임자산을 위탁 취지와 규모에 비추어 지나치게 자주 매매거래하는 행위를 말한다.

임의매매

증권회사에 예수금을 맡겨놓고 거래를 개시하지도 않았는데, 어느 날 집으로 배송된 거래내역서를 살펴보니 전혀 기억에도 없는 주식이 거래되어 손실을 보았다면 이는 임의매매에 해당한다.

일임매매가 고객의 위임이 있었음에 반하여 임의매매는 고객의 위임이 전혀 없이 증권회사 '직원 맘대로' 거래한 경우다.

법은 임의매매를 엄격히 금하고 있다. 이를 위반한 경우 일임매매에 비해 더욱 과중한 제재를 가하고 있다. 그러나 증권회사 직원의 임의매수 사실을 알고도 투자자가 시세상승을 기다린 경우, 임의매도 사실을 알고도 입금된 대금을 출금한 경우, 또는 전혀 이의제기 없이 방치한 경우 등은 투자자의 묵시적 사후 추인으로 인정될 수 있다. 이럴 경우 투자자는 증권회사 직원의 임의매매 사실을 알고도 승인한 것이 되어 이와 관련된 손실에 대한 책임을 투자자가 지는 것이 원칙이다.

부당 투자권유 행위

투자자 중에서 증권회사의 투자권유를 받지 않고 투자하는 사람은 드물다. 투자자 입장에서는 증권회사에 대한 투자 의존도가 높은 반면, 증권회사 입장에서는 수수료 수입증대를 목적으로 투자를 권유하는 경우가 있다.

원칙적으로 단순한 권유 행위에 의해 손실이 발생했다면 증권투자의 '자기판단 자기책임 원칙'에 따라 손해배상을 받을 수 없으나, 증권회사가 투자자에게 손실보전각서를 교부하며 증권투자를 권유하는 행위, 증권투자의 위험성에 관한 인식형성을 저해하는 행위, 단정적이거나 합리적인 근거 없이 투자를 권유하는 행위, 설명의무를 해태하는 행위는 부당 투자권유 행위에 해당한다.

증권회사 직원이 손실보전(또는 수익보장)을 약속하면서 투자를 권유하는 행위는 법상 금지되어 있다. 또한 투자자가 교부받은 손실보전(또는 수익보장)각서는 법적으로 아무런 효력을 갖지 못한다.

그렇다면 아무것도 모르는 투자자가 손실보전각서를 교부받고 거래하여 손실이 났다면 보상받을 수 있을까? 원칙적으로 손실보전약속에 근거해서는 아무런 보상도 기대할 수 없다.

하지만 이런 각서를 이용해서 증권회사 직원이 증권투자를 유인했다면 이는 법이 금지한 부당 투자권유 행위에 해당하며 손해배상 청구가 가능할 것이다.

또한 증권회사는 상법상 위탁매매업자로서 고객을 보호할 의무가 있다. 이런 의무를 위반하여 증권회사 직원이 객관적·합리적인 근거도 없이 단정적 판단만으로 투자를 권유하거나, 투자자의 재산이나 투자경험을 고려하지 않고 위험성이 높은 거래를 권유하거나, 또는 위험고지서 교부를 통한 투자위험 등에 대한 충분한 설명 없이 거래를 적극 권유하여 투자자가 손실을 보는 경우 역시 부당한 투자권유에 해당한다.

예를 들어 주식투자에 문외한인 사람에게 위험성에 대한 설명도 없이 선물·옵션투자를 권유하거나, 확인되지 않은 소문을 근거로 "이 주식에 투자하면 대박이다"라는 식의 투자권유는 고객을 보호할 의무를 이행하지 않은 것으로 볼 수 있어 증권회사측에 손해배상책임을 물을 수 있다.

전산장애

증권투자가 전산화되면서 투자자의 거래 수단도 기존의 전화 또는 지점방문을 통한 주문입력 대신에 집에서 편하게 거래할 수 있는 HTS가 자리를 잡아가고 있다.

이 경우 증권회사의 시스템에 장애가 발생하여 주문이 입력되지 않거나 거래가 체결되지 않아 손해를 본 경우에는 증권회사의 과실이 인정되어 손해배상을 받을 수 있다.

물론 증권회사의 시스템상의 장애가 아닌 통신사의 회선 또는 개인 컴퓨터 장애로 주문이 입력되지 않은 경우는 증권회사의 관리영역 내에서 발생한 장애가 아니므로 손해배상을 인정할 수 없음이 당연하다.

전산장애로 손해가 발생한 경우 가장 문제되는 것은 거래의사, 즉 매도 및 매수의사를 인정할 수 있는 입증자료가 있는가 하는 것이

다. 전산장애가 발생했다는 사실만으로는 투자자의 매수 및 매도의
사를 인정할 수 없으며 관련 손실을 측정할 수도 없다. 따라서 전산
장애가 발생하여 거래를 할 수 없을 경우에는 즉시 해당 증권회사의
콜센터나 지점에 전화를 걸어 자신의 거래의사를 분명히 밝혀두어
향후 장애에 따른 보상시 거래의사 입증자료를 확보해 두는 것이 필
요하다.

주문집행

증권회사는 고객에 대하여 선량한 관리자로서의 지위를 가지므로
계좌개설에서부터 거래의 최종단계까지 선관주의의무를 부담한다.

증권회사의 선관주의의무와 관련하여 계좌개설 및 주문수탁 단계
에서는 매매거래 전 정보제공의무 및 설명의무 등이 강제되어 있다.
매매집행과 관련해서 증권회사는 고객주문이 최선의 거래조건으로
이루어질 수 있도록 적절한 주의노력의무를 명시하고 있다. 또한 반
대매매와 관련하여 고객의 미수금이 발생하지 않도록 필요한 예방
조치를 할 의무 등이 강제된다.

이러한 일련의 과정에서 증권회사가 선량한 관리자의 주의의무를
위반하여 주문집행을 게을리 했거나, 반대매매 예방조치를 해태하
여 손실이 발생한 경우에는 손해를 배상받을 수 있다.

02

증권거래 분쟁은 이렇게 해결하라

계좌 개설시 유의사항

계좌를 개설하는 투자자 대부분은 투자경험이 없는 경우로 계좌설정약정에서부터 각종 약관의 확인에 이르기까지 주요 사항을 확인하지 못하는 경우가 많아 분쟁발생의 원인이 되고 있다. 이는 결국 투자자의 재산적 손실로 이어질 수 있다. 이를 예방하기 위해 계좌개설은 본인의 명의로 하며, 타인이 이용할 수 없도록 계좌잔고를 수시로 확인하는 습관을 들여야 한다. 또한 계좌 개설시 작성하는 신청서 및 주요 약관의 내용을 자세히 확인하고, 개인정보의 유출을 방지하기 위해 비밀번호, 인감, 증권카드 등의 보안을 철저히해야 한다.

투자과정에서의 유의사항

증권투자는 자신의 판단과 책임 하에 이루어져야 함은 당연하지만 업계의 영업관행 등 불건전성으로 위법한 매매거래가 발생하는 것이 현실이다. 자신의 재산을 지키기 위해 투자에 앞서 철저한 준비가 중요하다.

수익률을 보장한다며 투자를 유인하는 행위, 지나치게 빈번한 매매거래를 권유하는 행위, 고객의 파생상품 거래제도에 대한 이해부족을 이용해 거래가 이루어지기 어려운 원월물의 거래를 이용하는 거래 등은 유의해야 한다. 또한 증권회사의 영업직원과 일임매매약정을 하는 경우 반드시 투자상담 자격을 구비했는지를 확인한다. 아울러 HTS 거래와 관련해 프로그램의 사용방법, 전산장애에 대비한 전화 및 ARS 등 대체 주문수단 확보, 컴퓨터 처리속도 및 용량, 안정성, 보안성 등을 충분히 조언받아 사전에 분쟁을 예방하는 습관을 가져야 한다.

03

거래소를 통하면 분쟁해결이 쉬워진다

분쟁조정이란?

분쟁발생시 가장 기본이 되는 해결수단은 소송이다. 그러나 실질적으로 소송에 드는 시간과 비용을 고려할 때 쉽지 않은 방법임이 분명하다. 특히 대상금액이 소액일 경우, 소송이라는 극단적 방법보다 모든 상황을 포기하는 경우가 많다. 따라서 소송을 대체할 만한 분쟁해결 수단의 필요성이 대두된다. 조정이란 소송을 대체하는 분쟁해결 수단으로서 분쟁 당사자가 제3자를 지정해 그로 하여금 조정안을 도출하게 하고 당사자가 그 조정안을 수락하면 재판상 또는 민사상 화해(和解)가 성립하도록 하는 제도다. 조정은 비용과 시간 면에서 소송보다 훨씬 저렴하며 조정안의 수락 여부가 당사자에게 맡겨져 있으므로 자율적 분쟁해결 수단으로 소송을 대체하는 중요한 역할을 한다.

거래소의 분쟁조정제도

거래소 시장감시위원회는 투자자의 보호 및 분쟁의 자율조정을 위해 분쟁조정기능을 운영하고 있다.

거래소의 분쟁조정기능은 신청일로부터 60일 이내 사건을 처리하도록 규정하고 있으며, 조정과 관련된 비용은 모두 무료로, 소송과 비교할 때 월등한 분쟁해결 수단으로 작용한다.

분쟁조정을 신청하고자 할 때에는 서면(분쟁조정신청서) 또는 전화를 이용한 구술로도 신청이 가능하다. 사건이 접수되면 즉시 피신청인에게 통지, 2주 안에 피신청인으로부터 의견서를 받는다.

시장감시위원장은 분쟁의 원만한 해결을 위해서 당사자 간에 합의함이 적당하다고 인정하는 경우 위원회에 회부하지 않고 합의권고를 할 수 있다. 합의권고가 성립하지 않는다면 위원회에 회부하여 심의 및 결정을 내리게 된다.

시장감시위원회의 조정결정을 수락하면 민법상 화해 계약이 성립되며, 이는 당사자 간 기존의 법률 관계를 모두 소멸시키고 새로운 법률관계를 맺는 효력을 지닌다.

만일 피신청인(증권회사)이 정당한 사유 없이 조정안을 수락하지 않는 사건으로 공익상 필요하다고 인정하는 경우, 시장감시위원장은 신청인의 신청으로 신청인의 소송을 무료로 지원할 수 있다.

증권선물거래소 시장감시위원회 분쟁조정실

- 전화 : 02-3774-9282~7
- FAX : 02-786-0263
- 주소 : 서울시 영등포구 여의도동 33번지 한국증권선물거래소 신관2층 분쟁조정실

투기적 환상은 되풀이된다, 존 케네스 갤브레이스

인류의 경제행위가 어느 정도의 틀을 갖추기 시작한 이래 크고 작은 투기 열풍과 시장붕괴 역사는 끊이지 않고 되풀이되어 왔다. 《대공황 1929년》이라는 저서로 유명한 갤브레이스는 《금융환상 도취의 역사(A Short History of Financial Euphoria, 1993)》라는 저서에서 "내 책의 인기가 떨어질 때 쯤이면 새로운 투기 열풍과 그에 따른 시장붕괴가 나타나 내 책의 인기를 다시 올려놓곤 했다"고 술회했다. 우리들은 과거사를 통해 교훈을 얻는다. 사람들은 1929년 인류 모두를 절망으로 몰아넣었던 '금융 대공황'의 악몽을 두번 다시 경험하지 않으리라고 수도 없이 다짐했다. 그러나 60년이 채 지나지 않은 1987년에 '블랙 먼데이'라는 시행착오를 되풀이함으로써 많은 사람들을 좌절하게 만들었다. 1980년대 금융가의 천재로 불리며 월가를 주름잡던 마이크 밀켄은 한때 철창신세를 졌고, 전세계의 이목을 집중하며 부동산의 귀재로 불리던 도널드 트럼프도 거의 무일푼이 된 상태다. 그 이유는 무엇일까?

갤브레이스는 이를 군중심리(crowd psychology)에서 찾고 있다. 공황의 근본적인 이유는 사람들이 '투기적 도취상태(speculative euphoria)'에 젖어 군중심리에 휩쓸리기 때문이라는 설명이다. 또한 시장붕괴의 저변에는 투기적 도취감이 도사리고 있으며, 여기서 투기적 도취감이란 '진실에 대한 차분한 통찰이 배제된 심리적 상태'를 의미한다. 많은 사람들이 냉엄한 현실에 대해 애써 눈을 감게 된다는 것이다. 진실을 외면하려는 이유는 무엇일까? 갤브레이스는 이에 대해 세 가지 요인을 지적했다.

첫째, 금융의 세계만큼 과거의 경험이 무시되는 세계는 없다. 자만에 빠진 금융시장 세력가들은 과거에 경험했던 금융재난의 불길한 징조를 오히려 좋은 징조로 수용하려 한다. 그리고 이 징조를 심각하게 진단, 해석하려는 세력을 오히려 사물에 대한 통찰력이 부족하거나 시장현상을 제대로 이해하지 못하는 구태의연한 사람들이라고 폄하한다.

둘째, 돈과 사람의 능력을 동일시하려는 풍조가 투기적 도취감을 부추긴다고 한다. 자본주의 세계에서는 많은 돈을 갖고 있는 사람일수록 경제나 사물을 보는 눈이나 통찰력이 깊으며 지적 흐름 체계가 남보다 우월한 것으로 치부하는 경향이 있다. 이런 사람들은 스스로 자아도취에 빠져 돈 없고 소심한 사람들을 "네가 금융에 대해 무엇을 알겠느냐"고 몰아붙이고 그것이 형세 판단을 주도하는 주류를 형성한 채 흘러가게 된다는 것이다.

셋째, 금융재난은 금융기관장들이 돈과 머리를 동일시하는 자기도취에 빠져서 내린 결정 때문에 증폭된다고 주장한다. 금융기관장들이 지닌 막강한 자금력과 조직 구성원에 대한 절대적인 권위, 그로 인한 실질적인 파급효과 때문에 이들이 잘못 내리는 결정이야말로 금융재난을 증폭시키는 실질적 요인이라고 말한다. 그는 뉴욕의 은행장들이 1970년대에 급격히 불어난 '오일달러'를 라틴아메리카와 아프리카, 그리고 폴란드에 빌려주어 은행들이 사활의 기로에 서게 했던 장본인들이라고 말한다. 17세기 네덜란드에서 일어난 튤립 투기, 1929년의 대공황, 1987년 블랙 먼데이 등 금융시장 붕괴사를 살펴보면 금융기관의 장의 위치에 섰던 사람들의 오판이나 만용, 그리고 자기 과신으로 얼마나 많은 투자자들을 현혹해 왔는지 알 수 있다.

KRX 100 지수

유가증권시장과 코스닥시장의 대표종목으로 구성된 새로운 통합 주가지수를 말한다. 'KRX(Korea Exchange) 100' 이란 이름으로 2005년 6월 1일부터 발표되었다. 지수의 구성종목은 100개로 삼성전자·현대차 등 유가증권시장의 대표적인 87개 종목과 NHN·하나로텔레콤 등 코스닥시장 대표종목 13개다. KRX 100 지수의 기준시점은 2001년 1월 2일이며 이 시점의 지수를 1000포인트로 하여 산출한다. 지수구성 종목은 시가총액이 크고 유동성이 높을 뿐만 아니라, 재무기준도 우량한 종목들이 선정됐으며, 매년 한 차례(6월 둘째주 금요일) 정기적으로 조정된다.

MMF(money market funds)

투자신탁회사가 고객들의 자금을 모아 펀드를 구성한 후, 금리가 높은 만기 1년 미만의 기업어음(CP)·양도성예금증서(CD)·콜 등 주로 단기금융상품에 집중투자해서 얻은 수익을 고객에게 되돌려주는 만기 30일 이내의 초단기금융상품이다. 은행의 보통예금처럼 수시로 입출금이 가능한 상품으로 하루만 돈을 예치해 놓아도 펀드운용 실적에 따라 이익금을 받을 수 있기 때문에 단기자금을 운용하는 데 적합하다. 1996년 9월부터 허용되어 투자신탁회사에서 취급하고 있으며, 가입금액에 제한이 없어 소액투자자에게 많은 인기를 얻고 있다.

가격제한폭(stock price change limit)

주가가 어떤 요인에 따라 급격히 변동하는 경우, 상승시는 매수가 매수를 불러일으키고, 하락시는 매도가 매도를 불러일으키는 뇌동매매를 유발하여 시장이 큰 혼란에 빠질 수 있다. 거래소는 이를 방지하기 위해 전일 종가 기준으로 주가가 움직일 수 있는 범위를 제한하고 있다. 이와 같이 당일 중 주가가 움직일 수 있는 상한과 하한을 가격제한폭이라고 하는데, 우리 주식시장은 기준가격을 중심으로 상하 15%의 가격제한폭을 설정하고 있다.

간접발행(indirect issuing)

증권의 발행회사가 공중으로부터 직접적으로 모집하지 않고 중개인을 매개로 하여 간접적으로 모집하는 방법이다. 중개인에 대한 수수료 등 비용이 더 들지만, 증권의 발행·취급 전문업체인 이들 중개인이 보유한 조직망·기술·경험과 신용을 이용하여, 대량의 증권을 신속하고도 유리하게 발행할 수 있는 이점이 있다. 간접발행에는 위탁모집·인수모집·총액인수 등의 방법이 있다.

간접투자(indirect investment)

투자자가 증권시장을 통하여 직접 증권에 투자하는 것을 직접투자라고 하는데, 간접투자는 이에 대비되는 개념으로, 증권회사나 투자신탁회사의 수익증권이나 뮤추얼펀드 등에 가입해 투자 전문가에게 자금의 운용을 맡기는 투자를 말한다. 간접투자방식을 이용하면, 투자자는 투자전문기관의 대규모 거래의 이점과 분산투자 및 전문성을 활용할 수 있다. 간접투자상품은 어디에 투자하는 지에 따라 주식형과 혼합형, 채권형으로 구분되며 최근에는 투자자의 자금을 부동산에 투자하는 부동산신탁상품도 있다.

감사의견(auditor's opinion)

기업 외부의 감사인이 기업의 재무제표가 '일반적으로 인정되는 회계원칙', 즉 '기업회계기준'에 준거해 작성되었는지를 '회계감사기준'에 따라 회계감사를 실시한 후 감사한 재무제표에 대하여 표명하는 의견으로서 적정, 한정, 부적정, 그리고 의견거절이 있다.

개시증거금(initial margin, opening margin)

선물거래자가 선물계약 체결시 계약이행의 보증금으로 증권회사(또는 선물회사)에 납입해야 하는 최초의 증거금. 선물포지션에 대해서는 매일의 선물종가로 일일정산을 실시하여 선물가격의 변동에 따른 손익을 증거금에 반영하는데, 계속된 손실 누적으로 증거금액이 최소한의 증거금 수준인 유지증거금(maintenance margin)을 하회하면 투자자가 이 개시증거금 수준까지 증거금을 충당해야 한다. 코스피 200 선물의 개시증거금은 계약금액의 15%다.

거래량비율(volume ratio)

일정 기간 동안 주가상승일의 거래량과 주가하락일의 거래량과의 백분율. 보통 1개월의 주가상승일의 거래량 합계를 주가하락일의 거래량합계로 나눈다. 이때 주가변동이 없는 날의 거래량 중 절반은 상승일에 나머지 절반은 하락일에 더하면 된다. 대체로 주가가 상승하는 날의 거래량은 주가가 하락한 날의 거래량보다 많기 때문에 거래량비율이 150%일 경우 보통 수준으로 보고 450%를 초과하면 주가의 경계신호, 70%면 바닥권으로 본다.

거래량 이격도(25일)

이 지표는 25일 간의 거래량 합계를 25로 나누어 당일의 이동 평균치를 구하고, 그날의 거래량을 25일 이동평균치로 나눈 백분율이다. 거래량이격도는 매매 시점 포착을 위한 중·단기적인 지표로서 많이 사용한다. 약세 국면시 100% 이상이면 매입세력이 강함을 의미하고 강세 국면시 100% 이상이면 상승 여력이 많고, 100% 이하로 반전시 상승이 정점에 근접했음을 나타낸다고 본다.

거래량회전율(turnover ratio)

거래량회전율은 일정 기간 중 누적거래량을 평균 상장주식 수로 나눈 뒤 100을 곱해 구하며, 상장주식이 일정 기간 동안 몇 번 거래되었는가를 나타낸다. 거래량회전율이 높을수록 시장은 강세로 나타나는데, 보통 100% 이상이면 시장이 과열된 것으로, 20% 이하면 침체된 것으로 본다. 거래량회전율은 주식의 유동성 및 환금성과도 직결되기 때문에 단기투자시 활용할 수 있는 지표로 많이 이용된다.

고객예탁금(customers deposit)

증권회사가 유가증권의 매매거래와 관련하여 고객으로부터 받아 보관하고 있는 현금으로서 증시 주변의 자금사정을 알아보는 주요한 지표로 활용된다. 고객예탁금이 늘면 주식을 사기 위해 외부로부터 증시로 자금이 유입되고 있음을 의미하므로 호재가 된다. 반대로 고객예탁금이 줄면 증시에서 자금이 빠져나간다는 것을 의미하므로 악재로 작용한다.

공모(public offering)

발행된 유가증권을 불특정 다수인에게 균일한 조건으로 매도 및 매수 청약을 권유하는 것으로 일반 모집이라고도 한다. 주식의 공모인 경우에는 불특정 다수인을 대상으로 신주(新株)를 발행하여 청약자를 구하는 것을 말한다. 공모에는 발행자가 직접 청약자를 모집하는 경우와 증권회사가 매개(媒介)하는 경우가 있는데, 보통 후자를 택하는 일이 많다.

공모주청약

신주의 발행과 구주의 매출을 통해 기업을 공개할 때, 투자자가 그 주식을 사겠다고 하는 것을 청약, 그 청약에 대해 기업의 주식을 나누어주는 것을 배정이라고 한다. 공모주식이 거래소에 상장되면 대개 상당 기간 주가가 발행가를 웃돌아 많은 시세차익을 얻을 수 있기 때문에 공모주청약이 큰 인기를 끌고 있다.

공시(disclosure)

기업의 주요 경영정보를 이해관계자 및 일반투자자에게 정기 또는 수시로 공개하도록 하여 당해 정보에 기초해 투자자 스스로 자유로운 판단과 책임 하에 투자결정을 할 수 있도록 하는 제도다. 증권거래법상의 기업내용공시제도는 크게 발행시장공시와 유통시장공시로 나뉘며, 발행시장공시로는 유가증권신고서, 사업설명서 등이 있고, 유통시장공시로는 사업보고서, 반기 · 분기 보고서 등의 정기공시와 수시공시가 있다.

교환사채(EB : exchangeable bonds)

사채권자의 의사에 따라 주식 등 다른 유가증권으로 교환할 수 있는 사채다. EB로 약칭된다. 상장법인이 이사회의 결의에 따라 발행하는 회사채의 한 종류로서 교환사채와 발행회사가 보유한 제3기업의 주식과 교환되므로 교환시 발행회사의 자산과 부채가 동시에 감소하는 특징이 있다. 발행회사가 보유하는 교환대상 유가증권은 상장유가증권으로 제한하고 있으며 증권예탁결제원에 예탁을 의무화하고 있다. 전환사채와 신주인수권부사채와 달리 권리행사시 발행회사의 주식이 발행되는 것이 아니므로 자본금 변동이 발생하지 않는다. 또한 교환사채권자는 교환사채 발행시 특정된 주식의 가격이 상승할 경우 시세차익을 얻을 수 있고, 발행회사는 낮은 이율로 사채를 발행해서 이자지급 부담을 덜 수 있는 동시에 사채발행에 의한 자금조달을 촉진시킬 수 있는 장점이 있다.

금리선물(interest rate futures)

시장금리 변동에 의한 금융자산의 가격변동 위험을 헤지하거나 또는 투자수익 증대를 위하여 장래 일정 시점에서의 특정 금융자산의 예상수익률을 매매하는 거래다. 금리변동에 따른 리스크를 커버하기 위해 이용되는 기법 중의 하나다.

기관투자자(institutional investor)

개인 또는 법인들로부터 여유자금을 조성, 이를 주식과 채권 등 유가증권에 전문적으로 투자하는 법인형태의 투자자를 말한다. 우리나라에서는 투자신탁, 증권회사, 보험회사, 단자사, 종금사, 상호신용금고 등이 여기에 속하는데, 기관투자자는 주식매매 주문시 위탁증거금의 징수가 면제되며 상장법인으로부터 받은 배당금은 과세대상에서 제외된다.

기본적 분석(fundamental analysis)

증권의 내재가치를 찾아내는 분석. 즉 증권의 본질가치에 영향을 주는 재무 요인과 기업 외적인 경제 요인 등을 분석하여 증권의 내재적 가치를 평가하고, 이를 시장가격과 비교해 매수 또는 매도의 판단자료로 이용하는 접근방법이다.

기술적 분석(technical analysis)

전통적인 증권분석 방법으로 과거의 주식가격이나 거래량 같은 자료를 이용해 주가 변화의 추세를 발견해 내어 미래의 주가를 예측하는 방법이다. 주가는 시장의 수요와 공급에 의해서 결정된다는 가정 아래에서 출발하며, 일반적으로 주식거래의 과거자료를 도표(chart) 등의 수단으로 정리해서 주가 변화 추세를 찾아내고 미래의 주가를 예측한다. 주가는 항상 반복하여 변하는 속성이 있기 때문에 재무상태가 나쁜 기업의 주식이라도 주식의 매매시점을 잘 포착하면 투자수익을 올릴 수 있다는 것을 전제로 한 분석으로서, 과거의 주가나 거래량 정보를 이용하여 일정한 추세가 시작되는 시기를 결정하는 데 그 목적이 있다.

기업공개(IPO : Initial Public Offering)

넓은 의미로는 기업의 전반적 경영내용의 공개, 즉 공시(disclosure)까지도 포함하지만 좁은 의미로는 주식공개를 말한다. 기업의 원활한 자금조달과 재무구조 개선을 도모하고 국민의 기업참여를 장려하여, 국민경제의 건전한 발전에 기여함을 목적으로 한다. 이에 따라 기업공개를 통해 ① 주주의 분산투자 촉진 및 소유분산, ② 자금조달 능력의 증가, ③ 주식가치의 공정한 결정, ④ 세제상의 혜택 등을 기대할 수 있다. 기업주식의 신주공모 및 구주매출을 통해 기업자금을 일반투자가로부터 조달함과 동시에 기업경영이 공개된 가운데 전문경영인에 의한 경영현대화가 이루어짐으로써 주식회사 본연의 사회적 책임과 기능적 체제를 확립하게 된다.

기업설명회(IR : Investors Relation)

투자자관계·기업설명활동이라고 한다. 홍보(PR : public relation)는 일반 사람들을 대상으로 기업활동 전반을 홍보하는 것인 반면, IR은 주식시장에서 기업의 우량성을 확보해 나가기 위해서 투자자들만을 대상으로 기업의 경영활동 및 이와 관련된 정보를 제공하는 홍보활동이다. 또한 PR은 일반 대중을 상대로 하고 회사의 장점만을 전달하는 반면, IR은 기관투자가를 상대로 하고 회사의 장점뿐 아니라 단점까지도 전달한다는 데 차이가 있다.

기업연금제도

종업원의 퇴직 후 생활을 안정시키기 위해 기업이 지급하는 퇴직연금제도다. 우리나라는 2005

년 12월 1일부터 시행에 들어갔으며, 확정급여형과 확정기여형이 있다. 확정급여형은 퇴직 후에 받을 연금이 미리 정해져 있는 형태이며, 확정기여형은 유가증권 등에 투자하여 그 운용실적에 따라 받을 연금액수가 달라지는 형태다.

기업지배구조지수(KOGI : Korea Corporate Governance Stock Price Index)

기업지배구조지수는 시장에서 지배구조 우수법인에 대해 합리적인 평가기회를 부여함으로써 상장기업의 자발적인 지배구조 개선을 유도하고자 산출된 지수다. 일정 수준 이상의 유동성을 만족하는 종목 중에서 기업지배구조 우수법인 평가점수가 높은 50종목을 구성종목으로 하며, 2001년 7월 2일을 1,000p로 하여 종합주가지수와 같이 시가총액방식으로 산출하고 있다.

나스닥시장

1971년 2월 8일 첫 거래가 시작된 세계 최대 규모의 미국 장외주식시장을 가르킨다. 세계 각국의 장외 주식시장의 모델이 되고 있다. 미국뿐만 아니라 전세계의 벤처기업들이 자금조달을 위한 활동기반을 여기에 두고 있다. 마이크로소프트, 인텔, 애플 등이 등록되어 있다. 나스닥이 인기를 끄는 이유는 벤처기업에게 문턱을 낮추어 기업들이 주식시장에 쉽게 참여할 수 있기 때문이다. 위험성은 뒤따르나 높은 이익을 남길 수 있다는 점에서 투자자들이 관심을 모으고 있다.

내재가치(intrinsic value)

기업의 수익력이나 배당지급 능력 등 증권의 본질적 요인에 따라 평가되는 주식의 가치. 시장의 수급상황에 의해 결정되는 시장가격과 대비된다. 옵션의 경우에는 다른 의미로 사용된다. 옵션의 가치는 내재가치와 시간가치로 구성되는데, 내재가치는 콜옵션의 경우 기초자산의 현재가격에서 권리행사가격을 뺀 값이고, 풋옵션의 경우 권리행사가격에서 기초자산의 현재가격을 뺀 값이다.

내재변동성(intrinsic volatility)

이는 Black-Scholes모형 등 옵션가격결정모형에 옵션의 시장가격을 대입하여 산출한, 기초자산 가격의 변동성을 가리킨다. 과거의 역사적 변동성과 구별하여 implied volatility라고도 한다. 지수옵션거래를 하기 위해서는 내재변동성을 가장 먼저 파악해야 한다. 현재의 옵션가격에서 도출된 내재변동성이 30%라고 하면 이는 해당 종목의 옵션투자자들이 앞으로 1년 동안에 코스피 200 지수가 상하 30% 범위 안에서 움직일 확률이 67% 정도 되는 것으로 보고 있다는 의미다.

다우존스공업평균지수(Dow Jones Industrial Average)

미국의 다우존스(Dow Jones)사가 미국을 대표하는 우량기업 주식 30개 종목을 표본으로 삼아 시장가격을 평균하여 산출하는 세계적인 주가지수다. 1884년 미국의 〈월스트리트 저널(Wall Street Journal)〉 편집장 찰스 다우(Charles H. Dow)가 처음 창안한 것으로, 'DJIA' 또는 'Dow' 라고도 부른다. 세계 자본시장의 중심인 미국 증권시장의 동향과 시세를 알려주는 대표적인 주가지수다.

단주(odd lot)

증권시장에서 매매수량단위 미만의 주식을 말한다. 신속하고 정확한 거래를 위하여 증권거래소 업무규정에서는 매매수량단위를 규정하고 있다. 단주는 매매수량단위에 미치지 못하는 수량의 주식으로 거래소에서는 정규시장이 아닌 시간외시장에서 매매가 가능하다. 현재 거래소시장에서 주식의 매매수량단위는 주가 10만 원 미만은 10주, 10만 원 이상은 1주다.

당좌비율(quick ratio)

당좌자산과 유동부채와의 비율을 표시한 것으로 산성시험비율(acid test ratio)이라고도 한다. 당좌비율은 유동비율과 함께 기업의 단기적 채무지불 능력을 측정하는 데 이용된다.

데이트레이더(day trader)

주식시장이나 선물시장에서 시장가격의 움직임만을 보고 시세차익을 노려 당일 중 빈번하게 사고 파는 것을 반복하는 투자자. 이들은 매수 또는 매도포지션을 다음날까지 끌고가지 않는다.

등락비율(ADR : Advanced Decline Ratio)

일정 기간 동안 매일의 상승종목 수를 하락종목 수로 나누어 백분율을 구하고 그것을 이동평균하여 도표화한 것이다. 즉 최근 1개월 간 매일의 백분비를 합계해서 25로 나눈 것으로서 ADR이 상승하면 시장 강세로, 하락하면 시장 약세로 판단한다.

랩어카운트(wrap account)

고객이 예탁한 재산에 대해 증권회사의 금융자산관리사가 고객의 투자성향에 따라 적절한 운용 배분과 투자종목 추천 등의 서비스를 제공하고 그 대가로 일정률의 수수료(wrap fee)를 받는 상품이다. 증권회사에 계좌를 개설하고 자신이 선택한 종목을 매매하는 기존의 투자 방식과 달리, 증권회사에서 고객이 예탁한 재산에 대해 자산구성에서부터 운용 및 투자 자문까지 통합적으로 관리해 주는 종합금융 서비스라고 할 수 있다. 선진국에서는 투자은행의 보편적인 영업

형태로 자리잡았다.

레버리지 효과

타인으로부터 빌린 차입금을 지렛대로 삼아 자기자본이익률을 높이는 것으로 지렛대 효과라고
도 한다. 예를 들어 100억 원의 자기자본으로 10억 원의 순익을 올리게 되면 자기자본이익률은
10%가 되지만, 자기자본 50억 원에 타인자본 50억 원을 도입하여 10억 원의 순익을 올리게
되면 자기자본이익률은 20%가 된다. 타인자본을 사용하는 데 드는 금리비용보다 높은 수익률
이 기대되는 경우에는 타인자본을 적극적으로 활용하는 것이 유리하지만 타인 자본을 과도하게
도입하면 경기가 어려울 때 금리부담으로 인한 도산 위험이 높아진다.

리스크(risk)

리스크는 투자에 의한 실제 결과가 경제환경 등의 불확실성으로 인해 기대한 수준에 미치지 못
하게 될 위험을 의미한다. 일반적으로 증권시장과 관련된 리스크에는 상대방의 재무악화 등으
로 인한 거래대금 회수불능 가능성인 신용리스크(credit risk), 매매거래의 기회가 제한됨으로써
발생하는 유동성리스크(liquidity risk), 정치적·경제적 변화 등에 기인하는 국가리스크
(country risk), 매매 성립시와 결제시 증권과 통화가치의 변화로 인한 시장리스크(market
risk) 등이 있다.

리츠(REITs)

'Real estate investment trusts'의 약자로 부동산투자신탁이라는 뜻이다. 소액투자자들로부
터 자금을 모아 부동산이나 부동산 관련 대출에 투자하여 발생한 수익을 투자자에게 배당하는
회사나 투자신탁으로서, 증권의 뮤추얼펀드와 유사하여 '부동산 뮤추얼펀드'라고도 한다. 주로
부동산개발사업·임대·주택저당채권 등에 투자하여 수익을 올리며, 만기는 3년 이상이 대부분
이다. 리츠는 주식처럼 100만 원, 200만 원의 소액으로도 부동산에 투자할 수 있어 일반인들
도 쉽게 참여할 수 있으며, 증권화가 가능하여 증권시장에 상장하여 언제든지 팔 수 있다는 장
점이 있다.

만기보유전략(buy and hold strategy)

만기보유전략은 채권을 만기까지 보유함으로써 투자시 미리 수익율을 확정짓는 전략으로, 이자
율 상승시 더욱 낮은 시장가격으로 매입할 수 있다는 점에서 기회손실이 발생하는 불이익이 있
으나, 미래에 대한 예측(투자위험의 요소 등)이 필요 없다는 것이 장점이다.

만기일(expiration date)

만료일은 옵션매수자가 권리를 행사할 수 있는 마지막 날로서 만료일의 일정 시간(만료 시간)까지 권리를 행사하지 않으면 옵션은 소멸된다. 최종거래일이라고도 한다.

매출액 순이익률(ratio of net income to net sales)

매출액과 순이익과의 관계를 표시해 주는 비율로서 매출액 100에 대하여 순이익이 몇 %가 되는지를 나타내는 비율이다. 이 비율은 기업활동의 총체적인 능률을 판단하는 지표이며 기업의 최종 수익성을 판단하는 비율이다. 일반적인 판단기준으로서의 표준비율은 없으나 이 비율이 높을수록 양호한 상태를 나타낸다

무보증사채

기업이 원리금 상환 및 이자 지급을 제3자의 보증이나 물적담보 없이 신용에 의해 발행하는 회사채로서 무보증사채 또는 일반사채라고도 한다. 원리금 회수에 대한 위험부담이 크기 때문에 제3자가 보증하는 보증사채나 담보 여력 내에서 발행하는 담보부사채에 비해 이자율이 높고 기간이 단기인 것이 특징이다. 발행회사의 상환능력을 기초로 발행하기 때문에 해당 회사의 신용도에 따라 발행조건에 차이가 난다. 신용평가는 신용평가기관에서 하는데, 한국신용평가, 한국신용정보, 한국기업평가 등 3개의 기관이 수익성 · 안정성 등 재무구조와 산업위험 · 경쟁력 등을 기준으로 평가를 내린다. 보통 AAA · AA · A · BBB가 투자등급, BB · B · CCC · CC · C가 투기적등급, D는 부적격등급에 속한다.

무상증자

무상증자란 기업이 자본조달을 목적으로 하지 않고 자본구성을 조정하거나 사내 유보의 적정화를 위해 신주를 발행하는 것을 말한다. 무상증자는 신주발행에 따라 주식 수가 증가하기는 하지만 기업의 자본잉여금을 자본금으로 전환할 때 쓰는 방법이므로 회사의 총재산에는 변화가 발생하지 않는다. 재무제표상 항목 간의 변동을 통해 신주를 발행하는 형식적인 증자다. 무상증자의 재원은 통상 준비금(법정, 임의준비금)의 자본전입이나 재평가적립금의 자본전입 등 두 가지가 있다.

뮤추얼펀드

1999년 우리나라에 새로 도입된 간접투자상품으로 회사형 투자신탁이라고도 한다. 기존의 수익증권은 투자자가 투신사의 펀드에 가입하는 방식이지만, 뮤추얼펀드는 투자자가 펀드에 출자해서 주주가 되며 펀드가 하나의 독립된 회사(증권투자회사)로 운영된다. 개방형과 폐쇄형이 있

는데, 우리나라에서는 폐쇄형만 허용하고 있다. 거래소시장에 개별 종목으로 상장되어 있으므로 투자자금을 회수하려면 시장에서 매도하면 된다.

미국 예탁증서(ADR : American Depositoy Receipts)

미국의 은행, 신탁회사 등이 외국주식을 근거로 발행하는 일종의 예탁증서로서 통상 외국기업이 주식을 미국 증권시장에 상장할 때 ADR를 이용한다. 외국주식을 미국에서 직접 거래하고자 할 경우 미국투자자에게 생소하고, 주권수송이 번잡하고, 분실, 도난 등으로 신증권교부가 어려운 점 등 난점이 많았다. ADR는 이러한 문제점을 해결하기 위해 1927년부터 발행되기 시작했다. 미국의 증권업자가 외국에서 주식을 구입하여 미국은행 현지지점(수탁은행)에 맡기고, 수탁은행은 본국(미국)에서 지점에 맡겨둔 외국주식(원주)을 근거로 동액에 상당하는 ADR를 발행하며, 증권업자가 미국 내에서 이를 매매하는 방식을 취한다.

미국형 옵션(American style option)

만료일 이전에 언제든지 권리행사를 할 수 있는 옵션.

바스켓 거래

바스켓 거래는 개별주식의 거래가 아닌 다수 기업의 주식을 동시에 거래하는 것을 나타내는 용어이다. 특히 차익거래에 있어서는 코스피 200 지수를 복제하는 다수의 주식으로 인덱스바스켓을 구성하여 현물 바스켓 매도/선물 매수 또는 현물 바스켓 매수/선물 매도의 차익거래를 시행한다.

반대매매(covering)

선물 또는 옵션거래에서 포지션 보유자가 매수포지션의 경우 매도(전매도), 매도포지션의 경우 매수(환매수)함으로써 포지션을 해소하는 매매.

배당(dividends)

주식회사가 주주총회의 결의에 의해 소유주식수의 비율에 따라 주주에게 이익금을 분배하는 것을 말한다. 원칙적으로 배당은 회사에 이익이 발생해야만 받을 수 있다. 그러나 그 해에 손해가 나서 이익이 생기지 않았다 하더라도 전년 이전의 이익으로 손해를 상계하고 남는 경우에는 배당받을 수 있다. 배당에는 보통배당(정기배당)과 특별배당(임시배당)이 있다. 전자는 결산시에 정기적으로 하는 배당을 말하며 후자는 보통배당 외의 임시적인 배당을 말한다.

배당수익률

배당수익률이란 투자자금에 대하여 배당이 어느 정도 되는가를 나타내는 비율로서, 1주당 배당금을 현재의 주가 또는 매입가격으로 나눈 비율이다. 이때 배당금은 전기의 확정배당을 기준으로 하는 경우와 당기의 예상배당으로 하는 경우가 있지만, 보통 투자지표로 활용할 때는 예상배당금을 기준으로 한다. 주식투자에 있어서 배당수익률의 적정 수준은 정해져 있지 않으며 경험적인 것에 불과하다. 그러나 일반적으로 일반저축의 수익률, 다른 종목의 배당수익률 등을 기준으로 삼아 적정 수준을 가늠한다.

배당지수(KODI : Korea Dividend Stock Price Index)

배당 등 주주를 중시하는 기업을 구성종목으로 하는 주가지수를 말한다. 상장종목 중 일정 수준 이상의 시장대표성과 유동성 및 수익성을 만족하는 50종목으로 구성되며 2001년 7월 2일을 1000포인트로 하여 종합주가지수와 같이 시가총액방식으로 산출하고 있다.

배당주펀드

혼합형 펀드의 일종으로, 배당수익률이 높은 종목에 집중적으로 투자하는 펀드를 말한다. 운용시작 후 예상한 배당수익률 이상으로 주가가 상승하면 주식을 팔아 시세차익을 얻고, 반대로 주가가 오르지 않으면 배당 시점까지 주식을 가지고 있다가 예상배당금을 획득함으로써 주가하락에 따른 자본 손실을 만회하는 펀드다.

베이시스(basis)

선물가격과 현물가격의 차이를 뜻한다. 선물시장에서는 선물가격이 현물가격보다 높은 것이 일반적이므로 베이시스가(+)인 시장을 정상적시장(Normal Market)이라고 한다. 베이시스가 이론베이시스(이론선물가격과 현물가격의 차)와 크게 벌어지는 경우 무위험이익을 얻고자하는 차익거래가 개입한다.

변액보험

보험계약자가 납입하는 보험료 가운데 사업비와 위험보험료를 제외한 적립보험료를 따로 분리해 주식 · 공채 · 채권 등 수익성이 높은 유가증권에 투자한 뒤, 운용 실적에 따라 투자 성과를 계약자에게 나누어주는 실적배당형 보험상품을 말한다. 2001년부터는 국내에서 판매되기 시작했으며 주요특징은 다음과 같다. ① 투자의 결과에 따라 원금손실 또는 원금 이상의 보험금이 발생할 수 있다. ② 고객의 투자성향에 따라 자산운용 형태를 설정할 수 있다. ③ 기존의 종신보험에 비해 상대적으로 보험료가 비싸다. ④ 별도 자격을 갖춘 사람만 판매할 수 있다. ⑤ 예금자보호법의 보호를 받지 못한다. ⑥ 목표수익률을 사전에 제시하지 못한다. ⑦ 반기별로 투자 실적 현황을 계약자에게 통지해야 한다.

보통주

우선주나 후배주와 같이 특별한 권리내용을 갖지 않은 보통의 주식을 말하는데, 이익배당 또는 잔여재산의 분배를 받는 순위에 있어서 우선주 다음이다.

블루칩(blue chip)

주식시장에서 대형 우량주를 통틀어 가리키는 용어. 일반적으로 블루칩은 오랜 기간 안정적인 이익창출과 배당지급을 실행해 온 수익성, 성장성, 안정성이 높은 종목으로 비교적 고가(高價) 이며 시장점유율이 높은 업종대표주다. 블루칩의 기원에 대해서는 두 가지 설이 유력하다. 카지 노에서 포커 게임에 돈 대신 사용되는 흰색, 붉은색, 파란색 칩 가운데 파란색이 가장 고가로 사용된 것에서 유래되었다는 설과 미국의 소[牛]시장에서 유래되었다는 설로 세계 금융의 중심 지인 미국 뉴욕의 월가(Wall Street)는 원래 유명한 소시장으로 정기적으로 열리는 황소품평회 에서 가장 좋은 품종으로 뽑힌 소에게 파란색 천을 둘러주었는데, 황소는 월가의 강세장을 상 징하는 심벌이기 때문에 여기에서 유래되었다는 주장도 있다.

사모(private placement)

발행회사가 유가증권을 발행할 때 다수의 일반 대중을 상대로 하지 않고 보험회사, 은행, 투자 신탁회사 등의 기관투자가나 특정 개인에 대하여 개별적 접촉을 통해 증권을 매각하는 방식으 로 연고모집이라고도 한다. 공모에 비해 시간과 비용이 절약되고, 기업내용 공개를 회피할 수 있으며, 매입자 입장에서 유리한 조건으로 대량의 증권을 취득 할 수 있다는 이점이 있다. 반면 에 발행량이 한정되고 발행자가 유통시장에서 사후관리를 할 수 없으며, 담보에 대해 엄격한 조건을 부과해야 한다는 단점이 있다

사업보고서(annual report)

회사의 개황, 사업의 내용, 재무에 관한 사항, 외부감사인의 감사의견 등을 기록, 작성한 보고서 다. 증권거래법에 따르면, 상장법인은 각 사업년도 경과 후 90일 이내에 금융감독원과 거래소 및 협회에 동 보고서를 제출하도록 되어 있다.

사업설명서(prospectus)

증권거래법상 주식 · 사채 등 유가증권의 모집 · 매출시에 응모자에 대하여 발행회사의 사업개

황, 영업 상태를 알리기 위해 작성되는 문서.

사외이사제

사외이사는 회사의 경영을 직접 맡아보는 이사 이외에 회사 밖의 전문가로 선임된 이사를 말한다. 사외이사제도는 회사의 경영을 직접 담당하는 이사 이외에 외부 전문가들을 이사회 구성원으로 선임하는 제도로, 경영감시를 통해 대주주를 견제하는 동시에 공정한 경쟁과 기업 이미지 쇄신은 물론 전문가를 경영에 참여시킴으로써 기업경영에 전문지식을 활용하려는 데 목적이 있다.

상장(listing)

유가증권의 상장이란 기업들이 발행하는 유가증권에 대해 거래소가 개설하는 시장에서 매매 거래될 수 있는 자격을 부여하는 것을 말한다. 그리고 그 자격을 얻은 유가증권을 상장유가증권이라 한다. 기업은 상장을 통해 기업경영을 위한 거액의 자금을 쉽게 조달할 수 있고 자사 증권에 시장성을 부여하여 환금성을 높일 수 있다. 상장에는 신규상장, 재상장, 변경상장, 신주상장, 그리고 추가상장이 있다.

상장지수펀드(ETF : Exchange Traded Funds)

ETF는 특정 주가지수와 연동되는 수익률을 얻을 수 있도록 설계된 지수연동형 펀드(Index Fund)로서 현물 주식으로 설정/해지되며, 거래소에서 주식처럼 거래되는 펀드를 말한다. 주식과 Index Fund의 장점을 모두 겸비한 새로운 투자상품이다. ETF는 매일 TV 및 신문 등에서 볼 수 있는 주가지수의 움직임에 연동하도록 운용되는 투자신탁으로, 거래소에 상장된 주식과 동일하게 실시간으로 매매가 가능한 상품이다.

선물거래

미래의 일정 시점에 수량 규정 등이 표준화되어 있는 특정 대상물을 미리 정한 가격으로 주고받기로 약속하는 거래를 말한다. 현재 증권선물거래소에는 주가지수선물, 국채선물, 미국달러선물, CD금리선물, 금선물 등이 상장되어 거래되고 있다.

선물거래 증거금

선물거래시 계약의 이행을 보증하기 위한 이행 보증금이다. 개시증거금, 유지증거금, 추가증거금 등이 있다. 개시증거금은 선물거래의 첫 주문을 낼 때 내는 증거금이고, 유지증거금은 선물계약을 보유하고 있는 경우 유지해야 하는 증거금의 최소 한도를 말한다. 선물가격 변동으로 증거금 수준이 유지증거금 수준을 밑돌면 개시증거금 수준까지의 차이만큼 증거금을 추가로 납부해야 하는데, 이를 추가증거금이라 한다. 추가증거금 납부통지는 증권회사가 하는데 이를 마진콜이라고 한다. 마진콜이 발생하면 추가증거금을 다음날 12시까지 거래소에 납부해야 한다. 만약 대응이 없으면 증권회사가 해당 투자자의 미결제약정을 임의로 반대매매하여 계약불이행 위험을 제거한다.

선박투자펀드

일반투자자(개인, 기관)로부터 자금을 모집하여 선박을 건조하거나 매입한 후, 이를 해운회사에 빌려주고 그 용선료를 투자자들에게 배당하는 금융기법이다. 선박 건조에는 막대한 자금이 들어가기 때문에 해운업체는 선박투자펀드를 통해 선박건조자금의 일부를 자본시장으로부터 조달할 수 있어 안정적으로 자금을 공급받을 수 있다. 우리나라에서는 해운산업을 활성화하기 위해 2002년 5월 선박투자회사법이 제정되었고, 2004년 3월 첫 선박투자펀드인 '동북아 1호 선박투자회사'가 출범했다.

성장주

일반적으로 성장주라면 시장에서의 독점적인 지위를 갖고 있는 기업으로서 기술혁신, 마케팅 전략, 안정적인 원재료의 조달 등 강점을 지니고 있으면서 재무구조가 우량하여 경기변화에 저항력이 높고 향후 지속적으로 순이익증가가 추정되는 기업의 주식을 말한다.

손절매(stop loss)

가지고 있는 주식의 현재 시세가 매입가격보다 낮은 상태이고, 향후 가격상승의 희망이 전혀 보이지 않는 경우에 손실이 더 커지는 것을 피하기 위하여 손해를 감수하고 파는 것을 말한다.

순자산가치

기업의 자산총액에서 타인자본, 실질가치가 없는 무형고정자산 및 이연자산, 법인세, 임원상여금, 배당금 등과 같이 사외유출이 확정된 금액 등을 차감한 것으로, 기업 내에 실제로 남게 되는 자산을 말하며 순자산액을 투자자본과 비교하여 기업내용을 측정할 수 있다.

스왑거래

미래의 특정일 또는 특정 기간 동안 어떤 상품 또는 금융자산(부채)을 상대방의 상품이나 금융자산과 교환하는 거래를 말한다. 교환대상이 상품인 경우를 상품(commodity) 스왑이라 하고, 금융자산 또는 부채인 경우를 금융(financial) 스왑이라 한다. 상품 스왑의 대표적 거래 상품으로는 원유, 벙커C油, 곡물 등이 있고, 금융 스왑 대상으로는 외환 · 채권 등이 있다.

스팟펀드(spot fund)

주식형 펀드의 일종으로 만기 이전이라도 목표수익률 달성 즉시 수익증권과 달리 환매수수료 없이 원리금을 상환하는 간접투자상품이다. 운용기간은 보통 1년 또는 3~6개월짜리 초단기 상품 등이 있다. 단기간 목표수익률 달성 때문에 일반 주식뿐 아니라 장외주식, 전환사채, 사모사채, 주가지수선물 및 옵션 등 파생상품·고수익상품에 투자하고 있다. 스팟펀드는 단기급등 장세가 예상될 때 가입이 유리한 반면, 하락기에는 원금손실의 가능성이 높다.

시가총액

개별 종목의 시가총액은 당해 종목의 현재 가격에 상장주식 수를 곱해서 산출하고 주식시장 전체의 시가총액은 이와 같이 산출한 개별 종목의 시가총액을 모두 합한 금액이다.

시가총액식 주가지수

시가총액식 주가지수는 주가에 상장주식 수를 가중하여 기준 시점의 시가총액과 비교 시점의 시가총액을 비교하는 지수다. 우리나라에서는 1983년 1월 4일부터 '다우존스' 식에서 시가총액식으로 전환했다. 시가총액식 주가지수인 코스피지수의 기준 시점은 1980년 1월 4일이며 기준지수를 100포인트로 정해 산출하고 있다.

시간가치(time value)

시간가치란 옵션 프리미엄 즉 옵션가격이 행사가치를 초과하는 부분으로서 이는 옵션이 만료되기 전 언젠가 대상자산의 가격이 유리하게 움직여 옵션가격이 상승할 것으로 예상하는 옵션매수인의 기대가 반영된 것이라고 볼 수 있다. 시간가치는 외재가치(extrinsic value)라고도 한다.

시계열분석

통계적 시계열에 일정한 수학적 처리를 하여 시간적 변동법칙을 추출하는 것을 말한다. 시계열 변동분석은 일반적으로 시계열을 경향변동, 순환변동, 계절변동 및 불규칙변동으로 분해하는 고전적인 분석으로 그 순서는 다음과 같다. 먼저 원계열에 시계열 회귀선을 맞추거나 장기이동평균선을 그려 경향변동을 추출한다. 그 다음 원계열에 단기 이동평균을 취해 불규칙 변동을 없애고 거기에서 얻어진 계열에서 경향변동을 제거한다. 그 결과 얻어진 변동은 순환변동과 계절변동의 합성으로 볼 수 있으므로 동일한 계절 또는 월별로 평균을 구해 계절지수를 얻고 그 값으로 이전의 순환, 계절, 합성변동을 빼고 순환변동만을 취한다. 이렇게 하여 최초의 시계열은 경향, 순환, 계절 및 기타 불규칙한 각 변동으로 분해된다.

시장가호가(market order)

시장가호가란, 수량만 지정하고 가격은 지정하지 않는 호가로서 수량이 전량 충족될 때까지 가장 빨리 집행할 수 있는 가격으로 매매 체결되는 호가다. 호가한 수량을 신속히 확보할 수는 있으나 호가한 종목의 유동성이 부족한 경우에는 예상보다 매우 불리한 가격으로 체결될 수도 있다.

신용거래(margin transaction)

주식을 매매하고자 하는 고객이 자금이나 주식을 보유하지 않은 경우 증권회사에서 자금을 차입(신용융자)하여 주식을 매입하거나, 주식을 차입(대주)하여 매각하는 매매거래를 말한다. 이와 같은 신용거래는 현물거래를 보완 · 조정함으로써 현물거래에서 수급불균형으로 야기되는 유가증권의 가격급변을 방지하는 한편 증권의 유통을 원활하게 하는 역할을 한다.

신주인수권

회사가 신주를 발행할 때 그것을 배정받을 권리를 신주인수권이라고 한다. 이 인수권을 구주주에게 주는 것이 주주할당, 연고자에게 주는 것이 제3자 할당인데, 신주인수권을 누구에게 줄 것인가는 이사회의 결정사항이다. 그러나 신주인수권은 일반적으로 호조건이므로, 구주주에게 주는 것이 통례다

신주인수권부사채

발행 후 일정 기간 내에 언제든지 미리 정해진 가격으로 발행회사의 신주발행을 청구할 수 있는 권리(신주인수권)가 부여된 사채다. 사채권과 신주인수권이 각각 별도의 증권으로 분리된 경우에는 신주인수권을 양도할 수 있으나 분리되지 않은 경우에는 이를 양도할 수 없다.

실권주

회사가 유상증자를 실시할 때 주주는 정해진 날짜에 자신에게 배정된 물량을 인수하겠다는 청약을 하고 해당 금액을 납입하게 된다. 그러나 청약일까지 청약하지 않거나 청약했더라도 납입일에 해당 금액을 납입하지 않으면 유상신주를 인수할 권리가 상실되는데, 이렇게 인수권리가 상실된 유상신주를 실권주라고 한다.

실버산업(silver industry)

노년층을 대상으로 한 상품 서비스를 제조 · 판매하거나 제공하는 것을 목적으로 하는 산업이다.

써키트브레이커(circuit breakers)

선물가격이 급변하는 경우 이는 현물시장에 영향을 미쳐 현물가격의 급변을 야기할 가능성이 크다. 따라서 세계의 주요 선물거래소에서는 선물가격 급변시 현물시장에 악영향을 미치는 것을 차단하기 위해 선물시장의 거래를 일시 중단시키도록 하고 있는데, 이를 써키트브레이커라고 한다. 우리나라의 대표적인 주가지수선물 거래인 코스피 200 선물거래에서도 동 제도를 시행하고 있는데, 코스피 200 선물가격이 기준가격보다 1분 이상 지속하여 5% 이상 높고(낮고), 이론선물가격보다 1분 이상 지속하여 이론선물가격의 3% 이상 높은(낮은) 경우 5분 간 매매거래를 중단하도록 하고 있다.

아메리칸옵션(American option)

옵션 취득일로부터 만기일까지 기간 내에 언제라도 소유자의 의사에 따라 권리행사가 가능한 옵션을 말한다.

안전성분석(analysis of financial safety)

일정 시점에서 기업의 재무상태를 측정, 분석하여 그 기업의 재무상태에 대한 안전성 여부를 판단, 인식하는 것을 말한다. 따라서 안전성비율은 기업의 내적인 단기지급 능력은 물론, 장기적으로 경기변동과 시장상태의 변화 등 대외적인 경제환경에 대응할 수 있는 능력을 갖추고 있는가를 측정하는 비율이다.

액면가(par value)

주권에 표시되어 있는 가격을 말한다. 주식에 액면가액이 표시된 주식을 액면주식이라 하며, 액면가격 표시가 없는 주식을 무액면주식이라 한다. 우리나라의 상법에서는 무액면주식 발행을 금지하고 있으며, 액면가 이하의 발행도 원칙적으로 금하고 있다. 상법에서는 주식의 경우 1주의 금액은 100원 이상, 각 사채의 금액은 1만 원 이상으로 해야 한다고 규정하고 있다. 그러나 액면가는 주식의 시장가치를 표시하고 못하고, 발행가격을 표시하지 않고 있으며, 주주지분의 장부가격도 표시하지 못한다는 이유에서 실질적 의미가 거의 없다.

액티브펀드(active fund)

액티브펀드는 펀드매니저가 시장의 상황에 따라 적극적으로 주식을 매매하거나 투자종목을 바꾸는 펀드를 말한다. 저평가된 종목을 골라 상승장에서는 주식을 매수하여 수익을 늘리고, 반대로 하락장에서는 주식을 매도하여 주가하락으로 인한 손실을 줄이는 펀드를 말한다. 즉 액티브펀드는 주가가 상승할 때는 더 높은 수익을 올리고, 하락하는 경우는 손해를 줄이는 방법으로

운용된다.

양도성예금증서(CD : Negotiable Certificate of Deposit)

무기명 정기예금 형식으로 할인 발행돼 이를 소지한 사람이 자유롭게 양도할 수 있는 유동성이 높은 단기 금융상품이다. 거래대상자에 제한을 두지 않고 예치 기간은 60일 이상 270일 이내이며, 최저 예금액은 2,000만 원이다.

연금기금(pension fund)

고용주, 노동조합, 개인 등에 의해 수립된 계획에 따라서 가입자의 퇴직, 사망, 질병 등의 사고가 발생했을 때 급여를 제공하는 계약형제도를 말한다.

옵션(option)

통화나 채권 등을 일정한 가격으로 팔고 살 수 있는 권리를 말한다. 팔 수 있는 권리를 풋옵션(put-option)이라고 하고 살 수 있는 권리를 콜옵션(call-option)이라고 한다. 유럽식은 옵션을 정해진 기일에만 행사할 수 있는 데 반해 미국식은 언제라도 옵션을 행사할 수 있다.

옵션 프리미엄(option premium)

옵션가격으로서, 옵션을 매입할 때 옵션의 매수자가 매도자에게 권리제공의 대가로 지급하는 금액.

옵션행사가격(exercise price)

옵션 매수자(보유자)가 권리를 행사할 때 지불하는 대상 물건의 매입(매도)가격.

외가격(out of the money)

옵션거래에 있어서 콜옵션의 경우에는 기초자산의 현재가격이 행사가격보다 낮은 상태, 그리고 풋옵션의 경우에는 기초자산의 현재가격이 행사가격보다 높은 상태를 일컫는다. 이러한 상황하에서 옵션을 행사한다고 가정하면 손실을 보게 된다.

위탁수수료

위탁수수료는 증권회사가 고객으로부터 유가증권의 매수 또는 매도의 위탁을 받아 매매를 집행하고 이에 대하여 결제시에 고객으로부터 징수하는 서비스의 대가다. 우리나라는 1997년 9월부터 위탁수수료의 징수율과 징수방법을 증권회사가 자율적으로 정하도록 했다.

위탁증거금

증권회사가 고객으로부터 유가증권의 매매를 위탁받은 경우 위탁자의 결제이행을 확보하기 위해 징수하는 현금 또는 유가증권으로, 거래소는 증권회사가 고객으로부터 매매거래를 수탁하는 경우에는 위탁증거금을 징수할 수 있도록 하고 있다. 증권회사는 위탁자로부터 매매거래 위탁을 받을 때에는 매수의 경우에는 현금, 매도의 경우에는 당해 매도증권 또는 현금으로 위탁증거금을 징수할 수 있으며 그 징수율과 징수방법은 1998년 4월에 자율화되었다.

유가증권

유가증권이란 일정한 금전이나 화물 등의 유가물(유가물)에 대해 청구할 수 있는 권리가 표시된 증서, 즉 상법상의 재산권을 표시하는 증서를 말하는 것으로 단순히 '증권'이라고도 한다. 유가증권은 '권리와 증권의 결합체'이며, 권리의 이전·행사를 원활하고 안전하게 하며 유통성을 높이기 위해 근대자본주의가 발달시킨 제도다. 유가증권의 종류에는 선하증권·창고증권 등의 상품증권과 수표·어음 등의 화폐증권, 그리고 주식·채권 등의 자본증권으로 구분된다. 일반적으로 '증권'이라고 할 때는 자본증권만을 가리키며, 증권시장에서 다루어지는 것도 주식 및 채권인 자본증권이다.

유가증권신고서

회사가 유가증권을 발행하기 전에 회사의 개황, 사업내용, 재무내용, 그리고 당해 유가증권의 종류, 발행액, 자금사용목적, 기타사항 등을 기록하여 금융감독위원회에 제출해야 하는 서류를 말한다. 이 제도를 시행하는 이유는 투자자를 보호하고 유가증권의 발행·유통 과정에서의 공정성을 확보하기 위해서다

유상증자

회사가 증자 시 증자납입금을 납입받는 증자를 말한다. 유상증자에는 ① 주주에게 신주인수권을 주어서 이들로부터 신주를 모집하는 주주할당방법 ② 회사의 임원·종업원·거래선 등 연고관계에 있는 자에게 신주인수권을 주어서 신주를 인수시키는 제3자 배정방법 ③ 널리 불특정 다수로부터 청약을 받아 청약인에게 신주를 인수시키는 일반 공모방법이 있다.

유통시장(secondary market)

유통시장이란 발행시장의 상대개념으로서, 유가증권이 실질적으로 매매되는 시장을 말하며, 매매시장 또는 제2차시장이라고도 한다. 거래소시장이 대표적인 유통시장이다.

의결권(voting rights)

의결권이란 주주가 주주총회에 참석하여 투표라는 절차를 통해 결의에 참여할 수 있는 권리를 말한다. 주주는 의결권을 행사함으로써 경영에 참여하게 된다. 즉 주주는 의결권이라는 권리를 통해 회사의 주인으로 경영에 참여할 수 있다.

이격도(disparity)

주가가 이동 평균과 어느 정도 떨어져 있는가를 나타낸 것이다. 이격도가 일정 수준 이상 또는 이하에서 변곡점이 나타나거나 기준값을 돌파하면 매수 · 매도 시점에 도달한 것으로 볼 수 있다. 이는 주가가 이동 평균선에서 떨어져 있을 때는 근접하려는 속성이, 주가와 이동 평균선이 거의 일치하는 경우에는 떨어지려는 속성이 있다는 가정 아래, 이격도 100을 기준으로 너무 크거나 작으면 조만간 주가가 하락 또는 상승함으로써 그 괴리를 줄일 것이라고 보는 것이다.

이동 평균선(moving average)

주가, 거래량, 거래대금 등을 지나간 평균적 수치로 계산해 도표화한 것이다. 5일, 20일, 60일, 120일, 240일 이동 평균선 등이 있다. 이들은 매일같이 변하는 시세에서는 파악할 수 없는 추세를 파악할 수 있어 투자판단지표로 널리 사용된다.

인덱스펀드(index fund)

장기적 투자에서 주식투자가 시장 평균수익률을 상회할 수 없다는 가정에서 임의로 자산운용에 편리한 지수를 개발하고 지수에서의 종목별 비중에 따라 분산투자를 행함으로써 주식투자수익을 시장평균수익률에 접근시키려는 투자기법을 말한다

자산운용회사

증권투자회사의 위탁을 받아 그 자산을 운용하는 업무를 행하는 자로서, 증권투자회사법 제33조 제1항의 규정에 따라 금융감독위원회에 등록한 자를 말한다. 자본금 70억 원 이상, 운용전문인력 5인 이상, 임원선임시 결격사유 미해당 및 재무건전성 요건을 충족시킨 뒤 금융감독위원회에 등록해야 한다.

전환가격

전환사채와 주식을 교환하는 경우의 가격을 말하며, 주식 1주와 교환되는 사채의 액면으로 표시된다. 이에 대한 전환비율은 일정액의 전환사채에 대해 발행되는 주식의 수로 표시된다.

전환사채(CB : convertible bond)

주식으로 전환할 수 있는 권리가 붙은 사채를 말한다. 전환사채 보유자는 전환 청구기간 내에 전환권을 행사함으로써 미리 정해진 가격으로 신주를 인수할 수 있다. 이때 주식매입대금의 불입은 전환사채의 원금으로 하고, 전환사채 자체는 소멸된다. 전환권을 행사하지 않고 만기까지 보유할 경우 발행회사는 원금에 만기보장수익률을 적용한 이자를 지급해야 한다. 발행회사는 전환권이라는 옵션을 부여했기 때문에 일반 사채보다 낮은 이자율로 발행할 수 있어 발행비용을 절약할 수 있다.

장부가치

회계학적으로는 자산, 부채 또는 자본의 각 항목에 관하여 일정한 회계처리결과를 장부상에 기재한 금액을 말한다. 그러나 일반적으로는 자산항목에 대한 장부상의 가액을 의미한다. 장부가치는 유형고정자본에 대하여 직접법으로 감가상각비를 계상하고 있는 경우에는 대차대조표에 계상된 해당 유형고정자산 계정의 가액이 되며, 간접법으로 감가상각비를 계상하고 있는 경우에는 해당 유형고정자산 계정의 금액에 동 시점까지의 감가상각비 누계를 차감한 잔액이 된다.

재무비율분석

재무비율분석은 재무제표 등과 같은 수치화된 자료를 이용하여 항목 사이의 비율을 산출, 기준이 되는 비율이나 과거의 실적, 그리고 다른 기업과의 비교 등을 통하여 그 의미나 특징, 추세 등을 분석평가하는 것이다. 기업의 재무상태나 영업성과를 분석평가하기 위한 재무분석에서 사용되는 재무비율은 크게 ① 유동성비율 ② 효율성비율 ③ 레버리지비율 ④ 수익성비율 ⑤ 시장가치비율로 구분할 수 있으며, 각 항목별로 구체적인 세부지표들이 있다.

적립식펀드

펀드는 불특정 다수로부터 조성한 돈으로 주식이나 채권 등에 투자하는 상품을 말한다. 대부분의 펀드는 투자자들이 일정금액을 한꺼번에 투자하는 방식을 취하고 있으나, 적립식펀드는 정기적금처럼 일정 시기마다 일정금액을 지속적으로 투자하는 것을 말한다. 수익금은 운용실적에 따라 결정된다. 적립식펀드는 목돈 없이도 투자가 가능하며 한꺼번에 많은 돈을 투자해야 하는 다른 금융상품에 비해 투자위험이 낮다는 장점을 가지고 있다.

전환형 펀드

전환형 펀드란 주식형 펀드를 운용하다 일정한 수익률(목표수익률)을 달성하면 주식을 처분하고, 채권 등에만 투자하는 공사채형 펀드로 전환하는 펀드를 말한다. 즉 주식형 펀드에서 공사채형 펀드로, 공사채형 펀드에서 주식형 펀드로 전환할 수 있는데, 대개 주식형에서 공사채형으로 변하는 상품을 말한다. 이 같은 전환형 펀드의 목적은 목표수익률이 달성된 후 주가가 하락하면 그 동안 번 수익을 일시에 까먹을 가능성을 없애기 위해 주식을 판 자금을 만기 때까지 안정적인 채권이나 CP(기업어음), CD(양도성예금증서), MMF 등에 투자함으로써 수익성과 안전성을 동시에 노리는 것이다. 따라서 한번 달성한 수익률을 만기 때까지 그대로 유지할 수 있다는 장점이 있다.

주가수익비율(PER : Price Earnings Ratio)

PER는 주가가 그 회사의 1주당 순이익의 몇 배가 되는가를 나타내는 지표다. 주가를 한 주당 연간 이익금으로 나누어 산출한다. 일반적으로 이 비율이 높으면 회사의 이익에 비해 주가가 상대적으로 높은 것이고, 비율이 낮으면 주가가 이익에 비해 낮은 것이 된다.

주가수익성장비율(PEG : Price Earnings to Growth ratio)

첨단기술주의 수익 관련 가치를 평가하기 위한 새로운 평가지표로서, 첨단기업의 주식은 성장률을 감안해야 한다는 발상으로 고안되었다. PEG는 주가를 주당순이익(EPS)으로 나눈 주가수익비율(PER)을 다시 연평균 예상 EPS증가율로 나눈 것이다. 즉, 'PEG=PER/(1+성장율)' 이다. PEG는 PER를 3년에서 5년 간의 예상 EPS 성장률로 나눈 것으로 PER와 EPS 성장률 사이의 비율을 1과 비교해 1보다 작을수록 저평가, 1보다 클수록 고평가로 판단한다. PEG가 기존의 주가수익률과 다른 점은 미래의 가치를 포함한다는 데 있다.

주가연계예금(ELD : Equity Linked Deposits)

주가연계예금은 원금보장을 위해 고객들이 맡긴 운영자금을 비교적 안전한 채권이나 대출쪽으로 운용하고 나머지를 주식(주가지수)이나 파생상품에 운용하는 상품이다.

주가연계증권(ELS:Equity Linked Securities)

개별 주식의 가격이나 주가지수에 연계되어 투자수익이 결정되는 유가증권으로서, 자산을 우량 채권에 투자하여 원금을 보존하고 일부를 주가지수 옵션 등 금융파생상품에 투자해 고수익을 노리는 금융상품을 말한다

주가연계펀드(ELF : Equity Linked Fund)

대부분의 펀드자산을 국공채나 우량 회사채 등, 안전자산에 투자하여 만기시 원금을 확보하고, 나머지 잔여재산을 증권회사에서 발행한 ELS를 편입해 펀드 수익률이 주가에 연동되도록 설계

한 펀드다.

주가지수(stock price index)

주가지수는 주식시세 전반의 움직임을 나타내기 위해서 일정 기준 시점의 주가를 100으로 하여 작성하는 지수다. 주가지수는 증권시황을 나타낼 뿐 아니라, 물가지수나 경기지수처럼 경제상황을 알려주는 지표로도 이용된다.

주가지수선물

선물거래 중 증권시장에서 매매되는 전체 또는 일부 주식의 가격 수준인 주가지수를 매매대상으로 하는 선물을 말한다. 즉 주가지수선물 거래는 미래의 주식가격을 예측하여 일정한 날에 매매할 것을 정해두는 것으로, 보통 3개월 또는 6개월 후의 주가지수를 예상한 후 그 주가지수를 사고 파는 거래다.

주가평균(stock price average)

일정수 종목의 주가에 대한 평균으로, 주식시세의 변동을 파악하기 위한 지표다. 거래소는 상장종목 중 거래된 종목에 대해 매일의 단순주가 평균을 산출해서 발표하고 있다.

주당순이익(EPS : Earning Per Share)

세후 순이익을 주식수로 나누어 계산하는데, 1주당 세후 순이익을 말한다. 순이익이 많으면 일반적으로 주가가 올라가는 것이 보통이므로 어느 기업의 EPS가 증가하면 향후 그 기업의 주가가 상승할 수 있는 여력이 많다고 볼 수 있다.

주당순자산(Book-value Per Share)

기업의 총자산에서 총부채를 뺀 것이 자기자본인데 여기서 무형고정자산, 이연자산 및 사외유출분(배당금, 임원상여금) 등을 제외한 것이 순자산이다. 순자산을 발행주식 수로 나눈 것이 주당순자산(BPS)이다. 보통 주당순자산이 클수록 기업내용이 충실하다고 볼 수 있다.

주식형 펀드

펀드는 맡긴 돈을 주식에 얼마만큼 투자하느냐에 따라 주식형, 혼합형, 채권형으로 구분된다. 주식형 펀드는 주식 및 주식 관련 파생상품(주가지수선물ㆍ옵션)에 신탁재산의 60% 이상을 투자하는 상품이다.

증권예탁결제원

주식이나 채권 등 유가증권의 집중 예탁업무를 담당하는 유가증권 집중예탁기관.

직접금융(direct financing)

기업이 필요자금을 외부에서 조달할 때 금융기관을 통하지 않고 주식이나 채권을 발행하여 투자자로부터 직접 조달하는 것을 말한다.

차익거래(arbitrage trading)

동일한 상품에 대하여 서로 다른 시장 간에 가격 차이가 발생하거나, 관련 상품 간에 가격 차이가 불균형 상태에 있을 때 개입해 상대적으로 싼 시장에서는 매수하는 동시에 비싼 시장에서는 매도하여 거의 무위험으로 차익을 얻으려는 거래를 말한다.

차트

주가차트는 주가 흐름의 대세 여부를 가늠해 볼 수 있는 효과적인 도구 중 하나로 매일매일의 주가변동을 기록해 놓은 것이다. 차트는 주식시장 판단의 기본이라 할 수 있는 수급의 변화뿐 아니라 시세 흐름, 과거의 패턴 및 투자심리 등을 담고 있어 미래주가의 변화를 예측하는 데 도움을 준다. 차트의 종류에는 매일매일의 종가를 직선으로 연결한 선형차트, 어느 일정 기간 동안 시가, 종가, 고가, 저가를 하나의 봉에 표시한 봉차트가 대표적이며 점수차트(P&F), 상관곡선, 삼선전환도 등도 있다.

채권

채권은 정부, 공공단체, 주식회사 등이 일반인으로부터 비교적 거액의 자금을 일시에 조달하기 위해 발행하는 차용증서이며, 그에 따른 채권(債權)을 표창하는 유가증권이다.

채권시가평가제도

펀드에 투자된 채권 값을 장부가로 계산하지 않고 시중의 실세금리로 평가하는 제도를 말한다. 회사채, 국공채 등 채권가격을 주식가격처럼 매일 시장가격대로 평가·확정하는 것이다.

채권형 펀드

펀드 운용대상에 주식(주식 관련 파생상품 포함)이 포함되지 아니하고 채권 및 채권 관련 파생상품에 신탁재산의 60% 이상을 투자하는 상품이다.

총자본이익률

한 기업이 사용한 총자본에 대하여 얼마의 이익을 남겼는가를 나타내는 지표로서, 당기순이익을 총자본으로 나누어서 산출한다. 이 비율은 기업운용의 효율성을 나타내주는 지표로서, 이 비율이 높을수록 기업이 효율적으로 운용되고 있음을 나타낸다.

최근월물(first month)

현재 상장되어 거래되고 있는 선물이나 옵션종목 중 만기가 가장 가까운 결제월종목. 현재가 2005년 11월 10일이라면 코스피 200 선물의 최근월물은 2005년 12월물이다.

최종결제

선물거래에 있어 최종거래일까지 전매나 환매되지 아니한 미결제약정에 대하여 최종결제가격으로 평가하여 차손 · 차익을 수수하거나(현금결제의 경우) 대상물을 인수 · 인도하고 대금을 수수하는 것(현물결제의 경우)을 의미한다.

코스트 에버리징(cost averaging effect) 효과

주가의 흐름은 항상 등락이 거듭되므로 일정금액을 규칙적으로 투자하면 매입단가를 낮출 수 있어 손실을 방지하고 수익을 극대화하는 효과 즉 코스트 에버리징 효과를 얻을 수 있다.

콜옵션(call option)

옵션거래 대상물을 정해진 날(또는 기간 내) 정해진 가격으로 살 수 있는 권리가 부여된 옵션.

투자신탁

전문적인 유가증권투자 대행기관인 증권투자신탁회사가 유가증권투자 경험이 부족하고, 투자정보 관리에 시간적 여유가 없거나, 경험이 부족한 투자자로부터 투자자금을 위탁받아 대규모의 공동자금을 조성하고 이를 유가증권에 분산투자 및 운용하여 그 수익을 운용실적에 따라 투자자에게 배분하는 금융제도다.

투자심리선(psychological line)

투자심리선이란 새로운 재료의 영향을 받아 일어나는 시장 인기의 변화, 즉 투자심리의 변화를 일정 기간 동안 파악하여 시장이 과열인가 침체인가를 판단하려는 기법이다. 이것은 10일 동안에 나타난 전일 대비 상승일수를 누계하고, 이를 10으로 나누어 백분비로 표시한 수치다. 일반적으로 투자심리선지수가 75% 이상이면 투자환경이 밝고 매입세력이 지나치게 왕성한 경우이므로 매도 시점으로 보며, 반대로 25% 이하이면 투자환경이 어둡고 매도분량이 지나치게 많은 때로서 매입 시기로 본다.

트리플위칭데이(triple witching day)

주가지수선물, 주가지수옵션, 개별 주식옵션의 만기가 동시에 겹치는 날을 의미한다. 본래 미국에서 지수선물·지수옵션·개별 주식옵션의 만기가 겹치는 '트리플 위칭데이'에, 주식시장에 어떤 변화가 일어날지 아무도 예측할 수 없다는 의미에서 '세 명의 마녀가 빗자루를 타고 동시에 정신없이 돌아다니는 것처럼 혼란스럽다'는 뜻으로 쓰기 시작했다.

파생상품(derivatives)

파생상품이란 국공채, 통화, 주식 등 기초자산의 가격이나 자산가치 지수의 변동에 따라 그 가치가 결정되는 금융계약을 말한다. 구체적으로 리스크 회피를 위한 수단으로 사용되는 선물, 옵션, 스왑 등을 의미한다.

패리티(parity)

패리티는 주식의 측면에서 본 전환사채의 이론가치로서 현재의 주가가 전환가격을 몇 % 상회하는지 나타낸다. 구체적으로는 주가를 전환가격으로 나누어 여기에 100을 곱한 것이 패리티 값이다. 패리티 값이 100을 초과하면 할수록 주식가치가 크게 되어 주가가 전환사채 시장가격을 변동시키는 주요인이 된다.

패시브펀드(passive fund)

펀드 운용 방식에 따른 펀드 분류로, 패시브펀드는 펀드매니저의 주관이 개입되지 않은 채 시장흐름을 그대로 좇아가도록 시가총액 비중에 맞춰 주식을 편입시키는 펀드를 말한다. 반면, 액티브펀드는 시장상황을 종합 분석해 펀드매니저가 직접 운용하는 펀드다.

펀드(fund)

본래 기금 또는 자금 이라는 뜻으로 오늘날에는 주로 투자신탁의 신탁재산을 의미한다. 회사형 투자신탁에서는 회사 자체가 펀드가 되며, 기관투자가가 관리하는 운용재산도 펀드라 한다.

펀드매니저

투자신탁의 재산이용 담당자 또는 기관투자자의 펀드를 관리, 운용하는 사람이다. 포트폴리오 매니저라고도 한다.

포트폴리오(portfolio)

둘 이상의 증권의 결합 또는 결합방식, 즉 여러 증권의 집합으로 이루어지는 증권의 군을 일컫는 말로 분산투자를 통해 위험을 줄일 수 있기 때문에 포트폴리오를 구성한다.

포트폴리오 인슈어런스(Portfolio Insurance)

주식으로 자금운용을 할 때에 행하는 투자기법의 하나로, 미국의 연금운용에서 급속하게 보급되어 왔다. 포트폴리오의 헤지 수단으로서 풋옵션을 구입하는 방법에서 시작되었으나 최근에는 동적 자산배분전략(DAA : Dynamic Asset Allocation)이나 주가지수선물(dynamic hedge)이 주류를 이루고 있다.

풋백옵션(put back option)

풋옵션을 기업인수 · 합병에 적용한 것으로 본래 매각자에게 되판다는 뜻을 강조하기 위해 풋백옵션이라 한다. 인수 시점에서 자산가치를 정확하게 산출하기 어렵거나, 추후 자산가치 하락이 예상될 경우 주로 부여된다. 한편 주식공모에 참여한 일반투자자들의 피해를 막기 위해 일반청약자 배정분에 대해서는 상장이나 등록 이후 1개월 이내에 공모가격의 90% 이상으로 인수 증권사가 장외에서 매도할 수 있는 권리도 풋백옵션이라고 한다.

프로그램매매(program trading)

프로그램매매란 일정한 조건을 컴퓨터에 프로그램화하여 시장에서 이러한 일정 조건이 발생하면 매도 또는 매수주문이 자동으로 집행되어 행해지는 매매를 의미한다. 일반적으로 다수 종목을 대상으로 일시에 주문이 집행되도록 프로그램화되어 있다. 가장 많이 이루어지는 프로그램매매는 선물과 현물 간 가격괴리 발생시 실행되는 차익거래다.

핫머니(hot money)

국제금융시장을 이동하는 단기자금을 말한다. 각국의 단기금리의 차이, 환율의 차이를 노리는 투기적 성향의 것과 국내 통화의 불안을 피하기 위한 자본도피 등 두 가지 종류가 있다.

헤지(hedge)

현재 보유하고 있거나 장래 보유예정인 현물 또는 선물의 불확실한 가격변화에 대해 시장에서 반대되는 포지션을 취함으로써 가격변동 위험을 한정시키는 것을 말한다.

헤지펀드(hedge fund)

헤지펀드란 국제금융시장 급성장과 금융의 국제화 현상 등으로 투자위험 대비 높은 수익을 추구하는 적극적 투자자본을 말한다. 투자 지역이나 투자 대상 등에 대하여 당국의 규제를 받지 않고 고수익을 노리지만 투자위험도 높은 투기성 자본이다.

현금결제

선물거래는 특정 시점에 특정 상품을 미리 정한 가격으로 인도 · 인수할 것을 계약하는 것이므로 현물결제시에는 실물을 인도 · 인수하는 것이 원칙이다. 현금결제는 최종거래일까지 반대매매되지 않는 미결제약정에 대해 최종결제시 실물을 인수하는 대신 실물과 똑같은 가치의 현금을 수수하도록 하는 방법으로서 주가지수, 단기금리 및 일부 상품의 선물거래에 활용하고 있다. 주가지수선물 거래의 경우를 예로 들면 포지션을 취할 때의 지수와 최종결제시의 차이에 미리 정한 일정 금액을 곱해서 산출한 금액을 주고받는다.

호가(quotation)

거래소의 회원(매도자와 매수자)인 증권회사가 거래소시장에서 매매거래를 하기 위하여 매도 또는 매수의 의사표시를 하는 행위를 말한다.

혼합형 펀드

펀드는 주식편입 비율에 따라 주식형, 혼합형, 채권형 펀드로 나뉜다. 혼합형 펀드는 주식편입 비율이 60% 이하인 펀드로, 주식편입 비율이 50~60%되는 펀드는 주식혼합형, 50%를 밑도는 상품은 채권혼합형으로 세분된다.

홈트레이딩시스템(HTS : Home Trading System)

투자자가 가정이나 직장에서 컴퓨터를 이용해 주식매매 주문을 내는 시스템이다. 인터넷에 접속된 컴퓨터를 이용해 매매는 물론 정보검색까지 할 수 있다.

환매수수료

투자신탁의 수익증권 환매시 수익자로부터 징수하는 일정액의 수수료를 말한다. 투자 기간의 장단에 따라 환매수수료를 차등 적용함으로써 장기투자를 유도하고 단기투자를 억제하기 위한 것으로 투자신탁회사는 청구일 기준가에서 신탁 약관으로 정한 환매수수료를 공제한 가격으로 환매한다.

환매조건부채권(RP)

금융기관이 일정 기간 후에 다시 사는 조건으로 채권을 팔고 경과 기간에 따라 소정의 이자를 붙여 되사는 채권으로, 채권투자의 약점인 환금성을 보완하기 위한 금융상품이다.

회사채

회사채는 주식회사가 설비자금이나 운용자금을 마련하기 위해 일반을 대상으로 자금을 집단적 · 대중적으로 조달하고 회사가 채무자임을 표시해 발행하는 유가증권이다. 여기에는 일반사채, 전환사채, 신주인수권부사채, 옵션부사채, 교환사채, 담보부사채 등이 있다. 전환사채, 신주인수권부사채, 옵션부사채, 교환사채 등은 채권과 주식을 혼합한 중간 형태의 채권으로 볼 수 있다.

회사채수익률

일반투자자가 회사채를 만기 때까지 보유했을 때 얻을 수 있는 수익을 말한다. 즉 투자수익을 당초 투자한 금액(원본)으로 나누고 이를 다시 연이율 개념으로 환산한 것이다. 이는 회사채의 가격을 나타내는 수단으로 수익률이 오르면 가격은 떨어지고, 반대로 수익률이 떨어지면 가격은 오르게 된다.

시민을 위한 **증권투자 이야기**

지은이 | 증권선물거래소
감　수 | 이영탁
펴낸이 | 김경태
펴낸곳 | 한국경제신문 한경BP

제1판 1쇄 발행 | 2005년 12월 20일
제1판 4쇄 발행 | 2007년　5월 25일

주소 | 서울특별시 중구 중림동 441
기획출판팀 | 3604-553~6
영업마케팅팀 | 3604-561~2, 595 FAX | 3604-599
홈페이지 | http://www.hankyungbp.com
전자우편 | bp@hankyung.com
등록 | 제 2-315(1967. 5. 15)

ISBN 89-475-2556-1
값 10,000원

파본이나 잘못된 책은 바꿔 드립니다.